IMAGINÁRIOS EMERGENTES E MULHERES NEGRAS

Direção Editorial: **Silvio Testa**

Coordenação Editorial: **Andressa Veronesi**
Revisão: **Laila Guilherme** e **Tomoe Moroizumi**
Concepção capa: **Fabiana Yoshikawa**
Ilustração do capa: **Silvana Mendes (Série Frestas II de 2023)**
Ilustração da parte interna da capa: **Heritage Library/Creative Commons**
Diagramação: **Estúdio Dito e Feito**

1ª Edição: 2025
Dados Internacionais de Catalogação na Publicação (CIP)
(Angélica Ilacqua CRB-8/7057)

Borges, Rosane
Imaginários emergentes e mulheres negras : representação, visibilidade e formas de gestar o impossível / Rosane Borges. — 1. ed. — São Paulo : Editora Instante, 2025.

ISBN 978-85-52994-38-1

1. Ciências sociais 2. Mulheres negras 3. Feminismo 4. Descolonização I. Título

CDD 305.8
25-4633 CDU 316.347

Índices para catálogo sistemático:
1. Ciências sociais

Texto fixado conforme o Acordo Ortográfico da Língua Portuguesa de 1990, em vigor no Brasil a partir de 2009.

www.editorainstante.com.br
facebook.com/editorainstante
instagram.com/editorainstante

Imaginários emergentes e mulheres negras: representação, visibilidade e formas de gestar o impossível é uma publicação da Editora Instante.

Este livro foi composto com as fontes Arnhem, Antenna e AntennaComp impresso sobre papel Pólen Natural 80g/m² em Edições Loyola.

FSC
MISTO
Papel | Apoiando o manejo florestal responsável
FSC® C008008

instante

IMAGINÁRIOS EMERGENTES E MULHERES NEGRAS

Representação, visibilidade e formas de gestar o impossível

ROSANE BORGES

Para as mulheres da minha família, especialmente minhas irmãs e minha mãe, Alda Patrocinia da Silva Borges.

Para Naiara Leite, uma das incentivadoras para que eu apressasse a escrita deste livro.

Para a minha irmã caçula, Izolina; meu cunhado Fabricio, minha sobrinha Ana Rafaela e o cachorrinho Bolt, que cederam a casa nas férias para que eu escrevesse parte do livro.

Para Valdecir Nascimento, a mente inquieta e produtiva que não cansa de gestar e realizar o impossível.

Sumário

Foi aí que a neguinha que tava sentada com a gente, deu uma de atrevida. Tinham chamado ela pra responder uma pergunta. Ela se levantou, foi lá na mesa pra falar no microfone e começou a reclamar por causa de certas coisas que tavam acontecendo na festa. Tava armada a quizumba.

A negrada parecia que tava esperando por isso pra bagunçar tudo. E era um tal de falar alto, gritar, vaiar, que nem dava mais pra ouvir discurso nenhum. Tá na cara que os brancos ficaram brancos de raiva e com razão. Tinham chamado a gente pra festa de um livro que falava da gente, e a gente se comportava daquele jeito, catimbando a discurseira deles.

Onde já se viu? Se eles sabiam da gente mais do que a gente mesmo? Teve uma hora que não deu pra aguentar aquela zoada toda da negrada ignorante e mal-educada. Era demais [...].

Lélia Gonzalez, "Cumé que a gente fica?"

Para o bem dos filhos, para minimizar a conta que devem pagar, é preciso ter cuidado para não se refugiar em qualquer ilusão — e o valor atribuído à cor da pele é sempre, em todo o lado e para sempre, uma ilusão. Eu sei que o que estou pedindo é impossível. Mas em nossa época, como em todas as épocas, o impossível é o mínimo que se pode exigir — e somos, afinal, encorajados pelo espetáculo da história humana em geral, e da história do negro americano em particular, pois ele testemunha nada menos que a realização perpétua do impossível.

James Baldwin, "Carta de uma região em minha mente"

Tessituras para o início da costura

Já que o nome é o mínimo de presença, o que dizer de *Imaginários emergentes e mulheres negras: representação, visibilidade e formas de gestar o impossível*? Como explicá-lo?

Se a nomeação de um livro não se encerra em seu título, que o apresenta ao mundo e com o qual se reinaugura e reatualiza modos de discorrer sobre alguma coisa — geralmente já capturada sob algum ângulo —, é preciso dimensionar o conjunto da escrita para que se aviste algo que se possa chamar de autoral.

A um primeiro esforço de designação, tal como o que foi empreendido em *O guardião de nomes*, de Leonardo Garzaro, onde o ato de nomear ocupa o centro das preocupações, posso dizer que este livro é uma tentativa incompleta de apresentar e acompanhar gestos e atos de transformação empreendidos por mulheres negras, destinados a formular e a executar um projeto de mundo e de país.

Puxada pelo anzol do reposicionamento contemporâneo do racismo, do sexismo/patriarcado/machismo e de suas formas de combate, trago à superfície insumos de um oceano de referências múltiplas, fundamentalmente as que foram silenciadas, subalternizadas, emudecidas, vilipendiadas, esquecidas, injustiçadas e, apesar disso, seguiram em busca de acesso digno em um mundo que tentou inviabilizá-las.

Emergindo do pântano para o qual a crítica ocidocêntrica as empurrou,[1] tais referências convertem-se, aqui, em pérolas preciosas das ostras extraídas de águas tormentosas para

1 Para Oyèrónkẹ́ Oyěwùmí, socióloga nigeriana, o termo "ocidocêntrico" é mais amplo que a expressão eurocêntrica, pois extrapola o continente europeu e recobre países como os Estados Unidos.

gestarmos o impossível. Já advirto que, ao seguir os rastros e traços de algumas mulheres negras (o traço é o rastro de um gesto), *Imaginários emergentes e mulheres negras* não teve como declinar outros nomes que também gozam do estatuto de referência. A redução seguiu a lógica gastronômica, concebida como uma questão de método e não simplesmente de esquecimento. Nossa ambição é verificar como um rastro se faz traço, o que nos libera de elencar maior número de vozes imprescindíveis, visto que, no rastro das referências citadas, elas se fazem traço. Além de ser impossível esgotar esses nomes e vozes num único livro, a ideia é apresentar alguns nomes-paradigmas como representantes dos esforços coletivos das mulheres negras, seja na seara teórica, seja no campo da ação política.

Como se sabe, pérolas são joias de alto valor. No entanto, não devemos esquecer que são forjadas na dolorosa fricção provocada por um grão de areia que se instala no interior das ostras. A ferida provocada pelo grão de areia é condição *sine qua non* para a existência da pérola ("ostra feliz não faz pérola", já sentenciou de forma divertida o magistral Rubem Alves). O mesmo caráter de equivalência pode ser rastreado nos búzios: utilizados em profusão como adornos (que podem competir em valor econômico com outras joias) ou nos rituais de revelação do segredo, carregam uma dor constitutiva, porque se converteram, com a escravidão transatlântica (o pior crime da humanidade, não podemos esquecer), em *búzios de sangue*.

Pérolas e búzios pertencem ao mesmo habitat, ao mundo das águas, e condensam situações anfíbias, ambivalentes, num processo ininterrupto de reelaboração, metabolizando dor em força e beleza. As metáforas desta introdução não são fortuitas, pois falar em mar e oceano nos reendereça ao Atlântico negro, à transatlanticidade, ao modo como foi tecida por Beatriz Nascimento. Transatlanticidade converte-se, aqui, na plataforma existencial sobre a qual me movo, estendendo o convite para você fazer o mesmo.[2]

---

2 Aqui, e ao longo do livro, me refiro à plataforma como um território que guarda similaridade com a ambiência da informática: um território que permite a interação entre sistemas, usuários e aplicações, abrindo possibilidades para outras finalidades e serviços.

Nessa plataforma foram realizados inventários da ação política, foram criados novos tipos de organização coletiva que, nos momentos de desgraça, podem oferecer saídas para se pensar e agir sobre o mundo em ruínas, sustentado por um capitalismo em crise e por governos que pouco ou nada podem fazer para evitar a queda do céu, da forma que Davi Kopenawa descreve (a metáfora, ao mesmo tempo linda e assustadora de Kopenawa, abre a primeira parte do livro, "Gestos políticos de insurreição: o que pode a estética num mundo que se despedaça?"). Nessas horas obscuras, as mulheres negras ofertam um programa político capaz de nos banhar na luz irradiada por ele. Elas nos possibilitam gestar o impossível por meio dos pleitos por emancipação, que no âmbito deste livro significa, na esteira de Rancière, reconquistar o tempo, habitá-lo de outra maneira que não aquela do tempo colonial.

O impossível aqui tem dupla face: 1) sinaliza para as práticas e reflexões que enfrentam uma visão empobrecida da política que afiança a posição de que só nos cabe tocar o barco, descartando toda e qualquer possibilidade de imaginar formas diferentes de reconfiguração da política. Num mundo em que a política se reduziu a *realpolitik*, propostas que vão além da ideia de gestão são sumariamente desautorizadas; 2) dizer impossível é também falar de sujeitas históricas que nem sequer foram/são consideradas capazes e legítimas para pensar o comum e incidir sobre os problemas e desafios de uma coletividade.

Equilibrando-nos, assim, entre a decretação do *fim de um mundo* (e de parte dos seus esteios conceituais e das suas ferramentas analíticas) e o anúncio da construção de outro — tecido por uma tapeçaria na qual um sistema de pensamento negro e feminino e propostas políticas e metodologias de intervenção pública compõem os fios de uma urdidura que se entrecruza —, este livro vai destecendo e tecendo, vai mostrando as saídas de emergência rastreadas no tecido do manto das mulheres negras, para que possamos escapar do colapso de um mundo que já deixou de existir.

Dessa maneira, outro esforço na designação do nome desta obra se mostra: o de detectar que o nosso ingresso no palco da concepção e da intervenção da política se deu, simultaneamente, no território estético, porque consideramos que o primeiro só consegue performar emancipação se o segundo exercer papel de protagonismo, ou seja, tomamos a estética como projeto perene que resulta em transformações radicais de existência. Tais reflexões marcam a primeira parte desta obra.

O fato de ser um livro profundamente mergulhado em sua temporalidade não o isenta de enfrentar o passado e instituir gestos de futuro que tentam cavar matrizes no presente. Ao contrário. Tal mergulho no nosso tempo só poderá ser feito se as bússolas que o orientam seguirem o mapa da escravidão transatlântica — um território amplificado que não deixa de expandir suas fronteiras por meio das guerras e da alterofobia — elementos prevalentes no cartão-postal do século XXI. Evocar a transatlanticidade implica um compromisso inarredável com esse território que nos instala no tempo espiralar descrito por Leda Maria Martins. Tempo esse que nos faz imaginar sem que o verbo seja capturado pelo alfabeto do capitalismo algorítmico, tampouco menosprezado pela crueza da política fagocitada pelo politicídio, questões que enfeixam os tópicos da segunda parte: "Das incidências do imaginário: o passado que nos governa, sujeito a novas racionalidades".

E o gesto de condução da máquina nos leva a elaborar um exercício permanente de interrogação das incidências imaginárias, vistas como uma matriz, uma atmosfera, uma fábrica que nos aloja no que faz laço social por meio das tecnologias do visual.[3] Fazer referências ao imaginário, convocar as imagens e atuar sobre essa dobradinha (imaginário/imagem) nos abrem o horizonte das trocas comunicativas e

3 "Laço social" é um termo caro para a psicanálise. Além de Jacques Lacan, os psicanalistas Contardo Calligaris e Jurandir Freire Costa o definiram como a invenção de um lugar em que as economias subjetivas permitem aos sujeitos permanecer satisfatoriamente atados em torno de determinadas narrativas e acontecimentos. Os dois últimos asseveram que não há laço social ideal, visto que todos eles tendem a se fixar imaginariamente sob o modo da potencialidade perversa.

das questões de linguagem. A terceira parte do livro, "Por outra plataforma de linguagem, por outro sistema de trocas", trata dessas temáticas, onde iremos apresentar e examinar o trabalho de mulheres na luta por reconhecimento com vistas à irrupção de um novo enunciado do visível. É estratégico o fato de o livro não adotar imagens, pois a intenção é suscitar a imaginação sobre o possível por meio do impossível.

A quarta parte do livro, "Descolonização do olhar: rasgo feito no tecido carcomido do racismo e do patriarcado", em desdobramento da anterior, discorre sobre o olhar como neovalor do capital que procurou nos trancafiar em prisões de imagens, como disse Alice Walker. Há um longo concurso reflexivo em torno do ver e do olhar, caso queiramos pensar como ele acabou valorando negativamente grupos historicamente discriminados, resultando em mortes reais e simbólicas (o racismo policial opera pelo olhar). Essa operação se vincula diretamente com o imaginário e seu dinamismo na sociedade brasileira.

Feito esse percurso, a última parte do livro, "Bem viver, reparação e política: costurar, tear e fiar o novo manto do mundo", apresenta a plataforma do Bem viver, uma proposta filosófica, política, ética e estética tecida pelos fios da memória e da história das mulheres negras brasileiras. Uma plataforma na qual recusamos os lugares imaginários e reais e desenhamos novos territórios para cada uma de nós e para o país. Colocamos em cena uma imaginação que fervilha os processos coletivos e singulares para a redefinição de outras lógicas e gramáticas, de outros saberes e fazeres.

Sobre a forma da escrita

Este livro recorre à metáfora da costura por vários motivos. Além da concepção etimológica de texto, que se refere a tecido, a metáfora da costura quer transparecer à tarefa do tear, do que nós mulheres negras empreendemos ao "destecer o que nos fizeram", expressão de Jota Mombaça utilizada em profusão nas páginas que seguem.

Adicionalmente, produzir *Imaginários emergentes e mulheres negras* com as linhas de costura é também prestar tributo à minha mãe, Alda Patrocinia da Silva Borges, costureira que soube tecer a vida com o melhor da linhagem de suas ancestrais, que soube nos enfeitar e, assim, operar o deslocamento para a soberania e a autonomia com seus melhores recursos de tecelagem. A propósito, sou de uma família de costureiras: minha prima, Célia Maria Silva de Azevedo, herda da mãe, tia Plácida, que não costurava roupas, mas tecia fuxicos e bordados, o talento com o manejo dos tecidos. Célia prolonga no hoje a tarefa de minha mãe, Alda, no ontem.

Já que a ordem é destecer e tecer, a forma da escrita não cede, por exemplo, ao paradigma textual que tem Marcel Proust como seu representante, com suas frases longas e caudalosas; a fibra da escrita aqui é a fibra das que me antecederam distorcendo as formas do dizer e do dito.

Um desejo, um propósito

É de Kafka a afirmação: "Acho que só devemos ler a espécie de livros que nos ferem e trespassam. Se o livro que estamos lendo não nos acorda com uma pancada na cabeça, por que o estamos lendo? [...] Um livro tem que ser como um machado para quebrar o mar de gelo que há dentro de nós".[4]

Se a crítica é um trabalho pioneiro na dor do tempo e um pedaço de uma cura exemplar, este livro, por meio das vozes ancestrais que o move (análogas ao machado de Kafka), se não procura oferecer a cura exemplar, investe em reconhecer os gestos de quem soube metamorfosear dor em beleza, sem esquecer o que significou a escravidão transatlântica, fazendo dessa experiência um acontecimento que devolve para o coletivo a responsabilidade de todos e de cada um e nos coloca como protagonistas para urdir o tempo que vem, o tempo espiralar.

4 Carta a Oscar Pollak, 1904.

PARTE I

GESTOS POLÍTICOS DE INSURREIÇÃO: O QUE PODE A ESTÉTICA NUM MUNDO QUE SE DESPEDAÇA?

1 A queda do céu, a queda de tudo: é preciso dar voz à colapsologia

A floresta está viva. Só vai morrer se os brancos insistirem em destruí-la. Se conseguirem, os rios vão desaparecer debaixo da terra, o chão vai se desfazer, as árvores vão murchar e as pedras vão rachar no calor. [...] Os espíritos xapiri, que descem das montanhas para brincar na floresta em seus espelhos, fugirão para muito longe. Seus pais, os xamãs, não poderão mais chamá-los e fazê-los dançar para nos proteger. Não serão capazes de espantar as fumaças de epidemia que nos devoram. Não conseguirão mais conter os seres maléficos, que transformarão a floresta num caos. Então morreremos, um atrás do outro, tanto os brancos quanto nós. Todos os xamãs vão acabar morrendo. Quando não houver mais nenhum deles vivo para sustentar o céu, ele vai desabar.

Davi Kopenawa, *A queda do céu*

Toda mudança pode trazer sementes do benefício. Procure-as. Toda mudança pode trazer sementes de malefício. Cuidado.

Octavia Butler, *A parábola do semeador*

Olhe-se para onde se olhe, as avaliações sobre a marcha do mundo contemporâneo apontam, tragicamente, para um destino sem sinal/final feliz: da forma como caminhamos, já estamos, para muitos, na descida irrefreável do precipício, sem possibilidades de resgate. Com constância assombrosa, ouvimos, lemos e assistimos, em tempo real, a cenas terríveis que nos permitem vaticinar que o mundo manufaturado pela noção de progresso, erigido sobre os pilares da industrialização e da pós-industrialização, está se despedaçando — para fazer uso da licença poética franqueada pelo escritor nigeriano Chinua Achebe.

Os eventos extremos que alagam as cidades, que alteram de forma brutal os biomas[1] e precipitam desabamentos que soterram residências e pessoas, que promovem calor e frio intensos, são a vívida fotografia de que vivemos a era das catástrofes.

Tais cenas conseguem a proeza de ser ainda mais fantásticas do que as produzidas escatologicamente por Hollywood sobre o imaginário do fim dos tempos. Ainda seguem vivos em nossas retinas os filmes que reativaram o mito do alienígena maléfico, uma constante ameaça para o império estadunidense e, por extensão, para o mundo; como sobejamente sabido, esse império se edificou sobre os alicerces da Marcha para o Oeste e do Destino Manifesto e bebeu da fonte das ideias de superioridade, da missão divina, civilizatória e do militarismo avançado — elementos que, aliás, estão sendo remixados na gestão nazifascista-trombeteira-trumpniana; um império que, de tão forte e poderoso, só seria destruído por uma invasão extraterrestre! *Predador* e *Independence Day* são duas amostras emblemáticas de como a produção cinematográfica norte-americana se aferrou a essa ideia, nos oferecendo, com o último, um filme militarista e paranoico.

Os ataques no Onze de Setembro de 2001 forçaram um giro de 360 graus nessa ideia motriz da inviolabilidade de uma Nação, narrada de forma assustadora, pavorosa, mas também espetacularizada, feérica e supremacista pela sua principal máquina de produção de imaginários: o cinema.

---

1 A caatinga, único bioma 100% brasileiro, enfrenta sérias ameaças e alterações, incluindo desmatamento, desertificação e mudanças climáticas que levam à perda de biodiversidade, à degradação do ecossistema e à descaracterização severa, de modo que para muitos especialistas a caatinga não é mais caatinga. O que viceja reclama por outro nome.

Desde Pearl Harbour, os Estados Unidos não sofriam arremetida direta de agentes externos (insisto: entre a ilusão e o delírio, a superpotência só cogitava invectiva de tal monta se fosse perpetrada pelo gênio extraterrestre), o que fez do Onze de Setembro um divisor em todo o mundo: mudaram, radical e infelizmente, os sentidos de ameaça e defesa.

Mas, além dos atores transnacionais que passaram a atuar de maneira ainda mais descentralizada no século XXI, caiu a ficha do/no mundo de que as nações tinham que enfrentar outro inimigo comum. Constatou-se que a ação predatória do homem, diagnosticada em eventos internacionais como a Conferência das Nações Unidas sobre o Meio Ambiente e Desenvolvimento na última década do século XX, a famosa ECO-92, ganhava tração em velocidade supersônica.

Eis um quadro que se agiganta em problemas e desafios. Guerras advindas de várias latitudes e quadrantes que não cessam (Gaza e Sudão que o digam), desigualdades abissais, pobreza extrema, alterofobia que se materializa na agudização dos racismos, da xenofobia, do feminicídio e agora, mais do que nunca, os fenômenos provenientes da emergência climática que colocam toda a biosfera em risco.

Nesse cenário de destituição-perdas-guerras-terror-mortes, o imaginário do fim dos tempos hollywoodiano, assombrado por ameaças extraterrestres, teve que ceder lugar a uma produção documental voltada para alertar a população planetária sobre os perigos reais das mudanças climáticas. Essa virada de chave teve impulso com os esforços de Al Gore, ex-vice-presidente dos Estados Unidos e ativista ambiental cuja campanha, que tornava visíveis as ameaças palpáveis do aquecimento global, foi assunto do documentário *Uma verdade inconveniente*, dirigido por Davis Guggenheim e lançado em 2006.

Seguindo o bonde da sensatez, o ator Leonardo DiCaprio produziu uma série de filmes sobre o clima. Entre 2007 e 2019 viu-se o crescimento de conferências, artigos científicos e documentários engajados na conscientização planetária de que estávamos caminhando para o precipício. O próprio Al Gore produziu um novo filme, a Netflix realizou diversas séries documentais e o Banco Mundial organizou o Film4Climate, concurso global de cinema sobre o assunto.

E vê-se que os esforços, empreendidos ao modo de uma força-tarefa, tinham razão de ser. Não faltaram avisos e alertas, devemos admitir. Até bem pouco tempo atrás, julgávamos que a biosfera poderia ser restaurada e recomposta quando bem quiséssemos, a despeito da nossa sanha predatória. Porquanto o nosso julgamento mostrou-se equivocado, arrogante, para ser mais precisa, o cenário nos mostra que não podemos mais fazer "o mundo natural se adaptar à nossa espécie. Agora enfrentamos o destino infame que nos força à adaptação a um mundo natural imprevisível".[2]

Mas calma lá, bradam as vozes discordantes. Desde que o mundo é mundo, a chamada história da civilização, que comporta a barbárie, é uma história de perdas irreversíveis e criminosas, de reconfigurações incessantes, de readaptações e metamorfoses (o colapso dos maias, dos vikings, da Ilha de Páscoa, o sertão que virou mar e o mar que virou sertão, tanto faz...). Por esse ângulo, não deveríamos nos preocupar porque o mundo não se acaba, mas se recompõe e se refaz. E assim, aos trancos e barrancos, caminha a humanidade.

A danação é que gastamos muito das nossas reservas para que essa recomposição fosse feita, pelo menos nos liames do que vimos designando como vida; estamos com pouca margem de manobra para fazer correções de rota capazes de indicar caminhos mais ou menos seguros; o cobertor, além de curto, está embolorado, mofado, portanto está deixando muita gente de fora do fio fino que cobre os poucos privilegiados (e não me refiro ao pedestal de privilégios seculares, mas aos direitos básicos que são usufruídos por parcelas cada vez mais ínfimas da população planetária). Enquanto escrevo este livro, a Conferência das Nações Unidas sobre

---

2 RIFKIN, Jeremy. *A era da resiliência: repensando a existência da nossa espécie para nos adaptarmos a um planeta Terra imprevisível e restaurado*. São Paulo: Cultrix, 2024.

as Mudanças Climáticas de 2025, a COP30, é anunciada com pompa e circunstância, e o anúncio festivo não consegue conter os rumores que anteveem o contrário.

Sem querer ser porta-voz de um enunciado frio como os mármores gregos, o que vimos assistindo no desenrolar das primeiras décadas do século XXI é um *ponto de não retorno* que ameaça a nossa existência, tal como fomos acostumados a cultivá-la. Definitivamente, atravessamos o rubicão: alguns sambando na cara da sociedade e, outros, a maior parte, assistindo alegre e inocentemente a esse desfile de horrores, atraídos pelo flautista de Hamelin.[3] A crise, agora perpétua, porque vivemos sob a égide de um capitalismo de crise (e não da crise do capitalismo), ganha novas camadas de complexidade, nos provocando a enterrar, definitivamente, as fábulas que insistem em nos oferecer uma narrativa edulcorada em que tudo acaba bem, já que o mundo sempre se reconfigurou.

Efetivamente, o colapso ecológico mostra sua face horrenda, e, para quem dessa vez apurou os ouvidos para a profecia de Cassandra, dá para escutar seu canto fúnebre em alto e bom som: a impossibilidade de seguirmos rumo àquela marcha desenvolvimentista, calcada na colonização, no domínio da natureza e do outro, até porque a descolonização se tornou um imperativo do nosso tempo, a natureza reage e o outro escravizado, espoliado, trucidado também reage, a despeito da insistência do tempo colonial.

Segundo o pesquisador Jeremy Rifkin, somos forçados a sair da *era do progresso* para a *era da resiliência*, pois dos nove limites planetários indispensáveis à vida, sendo eles: 1) mudanças climáticas, 2) acidificação dos oceanos, 3) destruição da camada de ozônio, 4) perda de biodiversidade, 5) escassez de água doce, 6) uso do solo, 7) poluição química, 8) ciclo do fósforo e 9) ciclo do nitrogênio, já ultrapassamos,

---

3 Referência à lenda medieval alemã que se tornou amplamente conhecida pela adaptação dos Irmãos Grimm. O conto narra como um flautista contratado para livrar a cidade de Hamelin, na Alemanha, de uma infestação de ratos se vinga por não receber o pagamento combinado, usando sua flauta para levar as crianças embora. Há rumores sobre a história ser baseada em um evento real.

em 2020, sete. Até agora, só conseguimos tomar medidas para a defesa do uso do solo e da camada de ozônio, porque criaram-se políticas no final do século XX para protegê-la.

Frente a esse cenário funesto resta-nos, resignadamente, recolhermo-nos à nossa insignificância e tatearmos, em meio às convulsões sociais e naturais, o que (ainda) se pode fazer pela nossa existência. Mais do que isso: precisamos nos despir da capa de superioridade com a qual a decadente civilização euro-ocidental cobriu boa parte do mundo, nos fazendo agentes de uma matriz especista, crença que se exacerbou com a Revolução Tecnocientífica, também chamada de Terceira Revolução Industrial, período em que ciência e tecnologia se irmanaram para ofertar um mundo no qual floresciam as possibilidades de uma vida potencialmente sem limites nos territórios brancos e ocidocêntricos.

Peço licença para cavar um parêntese e fazer alguns atalhos nos arroubos dessas mudanças que cintilam, com a incandescência dos holofotes, no horizonte dos séculos XVIII e XIX. Já afirmei em outros momentos que, seja qual for a perspectiva que adotarmos para mirar a paisagem do período, iremos notar, invariavelmente, um indisfarçável traço no mundo ocidental que se beneficiou do processo de colonização que se quer perpétuo: migrações, sofisticação tecnológica em todas as latitudes da vida — meios de transporte, luz a gás —, um novo tempo discursivo para as ciências e a filosofia, novos modos de apreensão subjetiva, alteração das experiências individuais e coletivas que compõem uma plataforma sobre a qual se movimentaram as apostas grandiloquentes no "novo homem", as soluções para os problemas que se arrastavam na conta longa da história (fome, miséria), a consolidação triunfante do liberalismo, que passou a ser confrontado com a emergência de propostas socialistas, comunistas e anarquistas.

A propósito, esse "novo tempo" de aparente emancipação coletiva tolerou e, mais do que isso, deu suporte para a permanência e o aprofundamento da economia colonial escravagista. Como lembra Susan Buck-Morss,

> essa discrepância gritante entre pensamento e prática marcou o período de transformação do capitalismo global de sua forma mercantil para sua modalidade protoindustrial. Seria de se esperar, obviamente, que qualquer pensador racional e "esclarecido" deixaria de percebê-la. Contudo, não foi o que aconteceu. A exploração de milhões de trabalhadores escravos coloniais era aceita com naturalidade pelos próprios pensadores que proclamavam a liberdade como o estado natural do homem e seu direito inalienável.[4]

A história, uma dama elegante cheia de caprichos, como disse Machado de Assis, está sempre ao nosso dispor para nos lembrar, com riqueza de detalhes, do caráter ambivalente, para não dizer farsesco, da modernidade ocidental. Já que, como cravou Karl Marx, a história se repete, primeiro como tragédia e depois como farsa, "o que vem depois da farsa?".[5]

Charles Baudelaire é o expoente que nos conduz à aventura da modernidade naquele período, sinalizando que tragédia e farsa se entrelaçaram no antes, no durante e no depois. Nas suas duas obras clássicas, *Sobre a modernidade* e *As flores do mal*, estão a essência do *modus vivendi* do século XIX. Baudelaire, considerado o maior poeta francês, foi adepto do ópio, infeliz, quase trágico, sempre corroído pela dúvida e angústia, o que diz muito sobre sua empresa poética.

A filósofa Denise Ferreira da Silva, que será convocada com maior intensidade nas páginas à frente, nos exorta a abandonar a rubrica da modernidade, a grande farsa do homem ocidental forjado pelo Iluminismo, porque, para ela, a modernidade edificou seus princípios fazendo circular a diferença racial e cultural, o que nos leva a pensá-la não mais em termos de incompletude ou desvio ético, mas de impossibilidade. Reservemos por ora o arsenal de Denise que é nitroglicerina pura, caminhão-tanque estacionado nas pilastras

4 BUCK-MORSS, Susan. *Hegel e o Haiti*. São Paulo: N-1 Edições, 2017, p. 34.

5 Pergunta que titula o oportuno livro do crítico de arte Hall Foster. *O que vem depois da farsa? Arte e crítica em tempos de debacle*. São Paulo: Ubu, 2021.

deste edifício moderno, as quais, embora estejam avariadas, ainda se mostram espessas. Essa metáfora também é extensiva ao pensamento de Sueli Carneiro, que entrará em cena aqui com a força que irradia da sua práxis. As duas filósofas arriscam-se à mesma empresa, estão ligadas epistemologicamente, mas não politicamente. O eco de suas vozes mantém-se em afinadíssimo diapasão na caixa acústica da acusação à filosofia ocidental.

Retorno aos senhores que, mesmo desenvolvidos no líquido amniótico do mundo ocidental, carimbaram suas reflexões com o selo da suspeição. Junto com as filosofias da suspeita, capitaneadas por Karl Marx, Sigmund Freud e Friedrich Nietzsche, destaco a literatura da suspeita, e nesse campo Baudelaire é incontornável. Por essa razão, é estratégico apresentar algumas figuras estranhas que de dentro do edifício da modernidade apontaram sua artilharia para suas pilastras.

Pondo sob suspeita a noção de progresso, muito em voga à época, Baudelaire estimulou seus contemporâneos a pensarem a modernidade, orquestrada pelo desenvolvimento tecnológico, como transitória, fugidia e contingente, e a apreenderem algo de eterno no presente, marcado por rápidas transformações, por beleza e alienação, por otimismo e pessimismo. A ascensão e a consolidação da burguesia eram, para o poeta, a fonte da ruína do período.

Do mesmo modo, Edgar Allan Poe endereçou, de forma indireta, seus contos para a compreensão da era moderna, que não é apenas cronológica, é preciso insistir. Em "O homem da multidão", Poe aponta para um homem que é só murmúrio, sem rosto definido no anonimato urbano das cidades hiperpovoadas, jogando ainda mais água no moinho da suspeição. Alienação, desrealização, exploração da mente humana, juízo negativo da razão integram o rol das críticas do escritor estadunidense. Já no século XX, o poeta e ensaísta Octavio Paz, no livro *Tempo nublado*, vaticinou impiedosamente o seguinte prognóstico:

> Nossa época é atroz, porém os povos das democracias do Ocidente, tendo à cabeça os norte-americanos anestesiados por cerca de meio século de prosperidade, se empenham em não ver a grande mancha que se estende sobre o planeta. Sob a máscara das ideologias pseudomodernas, regressam ao nosso século velhas e terríveis realidades que o culto ao progresso e o otimismo imbecil da abundância acreditavam enterradas para sempre. Vivemos uma verdadeira volta dos tempos.[6]

A narrativa histórica, sob o olhar heterodoxo de Nicolau Sevcenko, também cumpre sua parte nessa tarefa de diagnosticar os eventos provocados pelas viradas do calendário. No livro *A corrida para o século XXI: no loop da montanha-russa*, Sevcenko compara as principais mudanças tecnológicas dos últimos séculos à dinâmica do brinquedo tão cobiçado dos parques de diversão, dividindo-as em três momentos capitais. É um ponto de vista que se decompõe em marcadores sociotemporais.

A primeira fase estaria ligada à subida, à "ascensão contínua, metódica e persistente que, na medida mesma em que nos eleva, assegura nossas expectativas mais otimistas, nos enche de orgulho pela proeminência que atingimos e de menoscabo pelos nossos semelhantes, que vão se apequenando na exata proporção em que nos agigantamos".[7]

Para Sevcenko, esse período vai do século XVI até meados do XIX, momento de incontestável supremacia da técnica, onde transitam novos meios de transporte e de comunicação. A civilização europeia consegue se consolidar como o berço do saber, do poder e da acumulação de riqueza. O lema "ordem e progresso" anima todo o sonho que se converte também em pesadelo.

A segunda fase, continua Sevcenko, refere-se à queda vertiginosa da montanha-russa, onde perdemos as referências do

---

6 PAZ, Octavio. *Tempo nublado*. Rio de Janeiro: Guanabara, 1986, pp. 72-73.

7 SEVCENKO, Nicolau. *A corrida para o século XXI: no loop da montanha-russa*. São Paulo: Companhia das Letras, 2001, p. 14.

espaço, do entorno e do controle das faculdades conscientes; concerne à revolução científico-tecnológica iniciada em fins do século XIX. É a hora e a vez da eletricidade, das primeiras usinas hidro e termelétricas, dos derivados de petróleo (que deram origem aos motores de combustão interna e aos veículos automotores), das novas técnicas de prospecção mineral, dos altos-fornos, das fundições, das usinas siderúrgicas, dos trens expressos e aviões, do telégrafo com e sem fio, do rádio, dos gramofones, da fotografia e do cinema; em tempo: os parques de diversão surgem nesse período. Ufa!

Vê-se como quase tudo se tornou possível para parte da humanidade em termos de eficiência técnica, esboroando o longevo horizonte mítico-religioso, já que com a técnica os homens podiam conseguir por si mesmos aquilo que, antes, clamavam aos deuses (mas há controvérsias, disse a nascente psicanálise no final desse século, trazendo verdades desconcertantes).

A terceira e última fase é a do *loop*, da síncope final e definitiva, da aceleração precipitada, assinalada por um novo surto dramático de transformações, em outras palavras, é a fase da revolução da microeletrônica, das comunicações por satélite, dos cabos de fibra óptica: a escala das mudanças desencadeadas a partir desse momento é de uma tal magnitude que faz os dois momentos anteriores parecerem projeções em câmera lenta, arremata Sevcenko.[8]

Esse cenário que pontilha o arco da revolução tecnocientífica à revolução microeletrônica possibilitou saltos quânticos capazes de nos fazer chegar na chamada era da inteligência,[9] atingindo os níveis mais profundos das tecnologias com

8 Taiwan e Singapura tornaram-se o epicentro da disputa política e econômica da área da produção de semicondutores e chips. Os semicondutores são peças fundamentais para a expansão tecnológica mundial. Taiwan produz a maioria esmagadora dos chips mais avançados do mundo, o que é motivo para as permanentes altercações entre China e Estados Unidos.

9 Não foi por acaso que o Fórum Econômico Mundial deste ano (2025) escolheu o tema "Colaboração para a Era Inteligente", congregando líderes para discutir os desafios mais urgentes do nosso tempo — desde a resposta para crises geopolíticas até a transição energética justa e o papel da tecnologia em moldar o futuro.

a Inteligência Artificial Generativa, a biotecnologia, a computação espacial e a *blockchain*.[10]

Tal como a sombra segue a luz, o clima de otimismo gerado pelo *boom* das tecnologias inteligentes dos últimos anos é acompanhado, como vimos, pelos fantasmas do medo e do assombro, que ganham novas roupagens nos dias que correm. Decididamente, o recipiente de pessimismo transborda e reclama pelo desenho de novas rotas de fuga, distantes das que foram traçadas pelos super-ricos da cepa de Elon Musk e Jeff Bezos (infatigavelmente, eles procuram por um lugar no espaço capaz de abrigá-los com toda a sua trupe, já que, afirmam, a Terra já era, pois colocaram fogo no parquinho e agora querem fugir pra Marte ou sei lá onde). Temos aí um sinal, entre tantos, do triunfo da distopia no palco da contemporaneidade.

De tudo o que foi dito até aqui, podemos destacar algumas notas para seguirmos com o propósito de gestar o impossível.

Nota 1

As duas revoluções — tecnocientífica e microeletrônica — só foram possíveis graças à era dos combustíveis fósseis, da carbonização, do ciclo da extração contínua, da exploração diuturna de corpos, preferencialmente não brancos e habitantes das franjas do mundo.

Nota 2

A era inteligente, com sua expansão infinita de alta performatividade técnica, não está sendo capaz de oferecer rumos e de apontar caminhos viáveis que nos direcionem para um porto seguro, ainda que provisoriamente. Em muitos casos, é eloquente em augurar o contrário. O mundo da inteligência artificial está oferecendo pouca inteligência para

10 Tecnologia de registro distribuído que funciona como um banco de dados público e imutável. É uma cadeia de blocos de dados interligados, onde cada bloco contém informações sobre transações e é criptograficamente vinculado ao anterior. A tecnologia é descentralizada, o que significa que não há uma autoridade central que controle o sistema, e todas as transações são verificadas e aprovadas por uma rede de participantes.

sairmos desse labirinto, e a espécie humana está em baixa na cotação da bolsa da biosfera, depois de ser imantada por qualificativos superdimensionados. Ao que tudo indica, a culpa de Prometeu por ter ensinado aos homens a técnica, transformando-os "de crianças que eram, em [seres] racionais e senhores da própria mente", parece ter se ampliado.

Nota 3

O super-homem que foi paulatinamente dominando a natureza e devorando a cultura do outro, reputado como inferior, desidratou-se, perdeu musculatura, mesmo sabendo-se que o que restou ainda tem o poder de causar estrago. Além de não sermos mais tão poderosos no panteão dos viventes, ainda somos, justamente, acusados e culpados de colapsar os ecossistemas planetários pelas gerações mais jovens, que não cansam, com o dedo em riste, de reatualizar o *J'accuse* de Émile Zola.

É preciso que se faça justiça, no entanto. A crença no domínio total sobre a natureza não foi canto da sereia vocalizado somente pelas duas revoluções acima referidas. Engrosso o coro das avaliações que não cansam de lembrar que o xaveco vem desde o livro bíblico do Gênesis que, nos seus sucessivos atos fundacionais, açula Adão e Eva a serem donos da coisa toda: "Deus disse: 'Façamos o homem à nossa imagem, conforme a nossa semelhança; e tenha ele domínio sobre os peixes do mar, sobre as aves do céu, sobre o gado, sobre toda a terra, e sobre todo réptil que se move sobre a terra'."[11]

Vamos combinar, isso não nos pertence mais, nem mesmo para os herdeiros legítimos de Adão e Eva. É preciso acompanhar a rotação de perspectiva que o mundo nos impôs e as consequentes mudanças que nos acertam com múltiplos socos a seco, sem termos tempo de recuperação entre um e outro.

Falar em geopolítica hoje exige abordar as políticas da biosfera, em que os homens do poder têm que se curvar às novas demandas coletivas (das sociedades, empresariais, do

11 Gênesis 1:26.

governo, do capitalismo...) e adotar um repertório em que o alfabeto do desastre climático faça parte da retórica com a qual se posicionam no mundo, ainda que seja só por figuração; a globalização entrou em declínio e parece fazer mais sentido adotar o termo "glocalização". Com ainda mais razão, sob a atmosfera do (des)governo Donald Trump, que vem dilapidando o patrimônio político ocidental amealhado desde pelo menos o pós-Segunda Guerra Mundial (patrimônio do qual não herdamos nada), a palavra-talismã (globalização) está em profundo declínio por conta da política econômica protecionista e nacionalista dos Estados Unidos, o que pode inspirar outros países ricos a adotar medidas similares, gerando efeito cascata. As previsões seriam as piores possíveis, pois tais medidas afetariam drasticamente os chamados países emergentes no que diz respeito à produção e a circulação de bens no comércio mundiais.

Tornou-se *démodé* aferrar-se ao corporativismo, e a ideia de compartilhamento de bens mostra-se mais simpática e aclimatada aos novos tempos; a ascensão da governança biorregional abre espaço para a avenida dos estados/governos plurinacionais, como vêm requerendo fatias expressivas do ativismo negro e indígena. Assim como globalização, a democracia passa por um processo de erosão irreversível, abrindo fissuras em um terreno já avariado (pela milésima vez: a eleição de Donal Trump é a caricatura monstruosa do seu total esgotamento). Tais fissuras vêm demonstrando como a política contemporânea sofreu um processo irreversível de oxidação, o que demanda a busca por saídas de emergência. Aqui e ali ouve-se enunciados que defendem, em tom de urgência, uma democracia efetivamente representativa, que deserte do escopo das sociedades liberais ocidentais, herdeiras do vício de origem da democracia grega, como já apontou Jacques Rancière.[12]

12 Para Rancière, na democracia grega, mulheres, crianças, artesãos, estrangeiros e escravizados não tinham direito à fala pública, pois eram alijados do processo de participação política. Em *A partilha do sensível*, o autor defende que essa exclusão define a política e organiza o sensível. A ausência de uma gama expressiva de pessoas nos encaminhamentos do destino de uma coletiva incidia, assim, na partição do sensível e na dinâmica do fazer político.

Em face desses desarranjos, vou aqui lançar mais uma quizumba, do jeito que Lélia Gonzalez descreveu. Ouso dizer que mais uma ferida narcísica foi aberta, além das que já foram inventariadas por Freud: a crise da eficiência.[13] Descobrimos, depois de tanto investimento tecnológico — que se equilibrou nas cordas da perspectiva prometeica e fáustica —, que não estamos (na verdade nunca estivemos) com essa bola toda, como nos levaram a acreditar a narrativa bíblica do Gênesis e a revolução tecnocientífica. A eficiência deixou de ser um valor absoluto, e a questão básica, prosaica, que nos ronda atualmente é: O que fazer com nossas trouxas de roupas?

Mesmo aceitando, a contragosto, a ideia de que não somos senhores do Universo, tampouco da nossa própria casa, a humanidade seguiu a marcha da eficiência sempre procurando fazer da performatividade técnica algo que sanasse a sua insuficiência biológica, que pudesse expandir os limites físicos ditados pelo corpo em sua finitude. A eficiência foi a cifra com a qual buscamos formas de superar tais limites, como as discussões em torno do pós-humano deixam transparecer.

Mas o mundo, feito éter, escapou completamente ao nosso controle em todos os aspectos, com destaque para o político e o tecnológico, e assim vivemos aos solavancos, de roldão, tentando resolver uma aporia essencial: se a máquina das indústrias do petróleo, carvão, gás natural ou liquefeito pararem totalmente, enfim, se a era do carbono resolver pendurar as chuteiras, teremos um colapso em vários níveis; se essa máquina continuar operando, fazendo cara de paisagem, o sistema Terra rui sobre nossas cabeças. É a queda do céu, como nos diz Davi Kopenawa na epígrafe que abre este

13 A título de lembrete, a primeira ferida narcísica é *cosmológica*. A astronomia foi expedita em destronar a Terra e o homem do centro do Universo. A segunda ferida narcísica é *biológica*, pois, segundo a teoria da evolução das espécies de Charles Darwin, a constituição física do ser humano se assemelha com a de outras espécies que há milhões de anos se desenvolveram seguindo as normas da mutação e da seleção natural, nos ensinando que há diferenças abissais entre nós e os outros seres vivos. A terceira ferida narcísica é de natureza *psicológica*, isto é, retira do altar a convicção de que o homem tem controle sobre sua vida psíquica, como se fosse pura consciência.

capítulo, e enquanto ele cai não sabemos onde guardar nossas trouxas de roupa e como sair ilesos da hecatombe.

Essa ferida narcísica que eu abri na nossa epiderme arde como fogo em brasa, porque mesmo as esperanças acalentadas por críticos da aceleração do mundo no início do século, como Nicolau Sevcenko, mostram-se hoje impossíveis de serem levadas adiante. Sevcenko acreditava que teríamos uma nova geração disposta a lutar para que as prioridades do mundo globalizado (que está em queda livre) se voltassem para os homens e para a biosfera, animadas pelos vínculos de solidariedade.

Num contexto de capitalismo canibal, expressão emprestada de Nancy Fraser, de capitalismo de cassino, as novas gerações, excetuando as microesferas que resistem bravamente, foram capturadas por uma lógica que roteiriza e achata as identidades, convertendo-as em *comodities* na praça da visibilidade (ou visualidade?) chamada redes sociais, o que nos explica por que as fichas jogadas no início do século XXI não conseguem mais sustentar utopias, por mais benevolentes que sejamos.

Neste grande quadro, uma pletora de expressões se candidata para descrever o cartão-postal do nosso tempo, do qual somos, simultaneamente, parte da paisagem e observadores dos seus elementos.

— • —

Começo relançando a palavra *distopia*, supracitada, que vem compondo os *trending topics* dos termos que circulam incansavelmente nos espaços digitais e materiais. Ocupando posição diametralmente oposta à da utopia, a distopia se caracteriza por ser um lugar infeliz, um lugar ruim, doente (*dus* + *topos*), que marca as estacas no território do antiutópico, onde se exaurem as possibilidades de prever o futuro (aliás, o futuro está bloqueado) e compreender de forma proficiente a dinâmica dos acontecimentos. Sentimo-nos cada vez mais vulneráveis frente aos desastres climáticos que nos convertem em euzinhos miseráveis à procura de validação naquela praça de visualidade que bloqueia nossos futuros e limita as possibilidades de autorrealização.

Prolífica nos territórios da ficção científica e do cinema (olha ele aqui outra vez), a distopia não pode ser o equivalente a uma crítica política engajada com o seu tempo e o seu lugar, ainda que possa carregar o germe da insurreição. São inolvidáveis, no cinema, as obras que se renderam ao charme distópico. Desde *Metrópolis*, de Fritz Lang, o audiovisual não cessa de produzir filmes nessa seara. *Fahrenheit 451*, de François Truffaut, *Laranja mecânica*, de Stanley Kubrick, *V de Vingança*, de James McTeigue, *Blade Runner*, de Ridley Scott, e *O conto de Aia*, de Volker Schlöndorff, entre muitos outros, fazem parte da lista corrida do distópico na tela e são sintomas das possibilidades de se cogitar um futuro difícil de ser encarado.

Michel Maffesoli insere mais duas expressões no rol das narrativas decepcionadas: *Solve et coagula* [dissolver e coagular], princípio básico da alquimia, parece ser enunciado que se ajusta ao nosso tempo, só que com dicção mais formal. Designa algo que deve ser dissolvido para ser purificado e, em seguida, coagulado para ser reconstruído em uma forma superior (o chumbo vira ouro nesse processo). Trata-se de um processo de desconstrução *e* reconstrução.

Corsi e ricorsi (sequência e recorrência, fluxo e refluxo) não fica atrás, em sua força expressiva para qualificar esse mundo distópico. Diz respeito, como esclarece Maffesoli, apoiado em G. Vico, "ao retorno violento de coisas que se imaginavam definitivamente ultrapassadas" ou ainda de saturação, "processo quase químico que dá conta da desestruturação de um dado corpo e que é seguida pela reestruturação desse corpo com os mesmos elementos daquilo que foi desconstruído".[14]

Mas podemos mais, ao menos em termos de enunciado. Se, como diz o ditado popular, "é preciso ver bem para trás

---

14 MAFFESOLI, Michel. *Saturação*. São Paulo: Iluminuras; Itaú Cultural, 2010, p. 11.

para poder ver muito à frente", somos nós, mulheres negras, "que sempre vimos" bem atrás, na condição de herdeiras diretas das mazelas da escravidão transatlântica, apontando o lixo ocidental que pilhou o mundo por meio da colonização e da escravidão, antes mesmo que os botões de alerta fossem acionados pela engajada *intelligentsia* branco-ocidental, da filosofia à biologia, da ciência da informação à economia, da comunicação à estética, da geografia à história. Já estamos, não é de agora, operando outras quizumbas e atuando em várias frentes de incidência política.

"Nossos passos vêm de longe", subtítulo de *O livro da saúde das mulheres negras* tornou-se um mantra entre nós. Sempre estivemos atentas aos movimentos e aos destinos de um mundo que nos inseriu, compulsoriamente, numa temporalidade parasitária, cujo sentido primordial é o da repetição, sem mudanças profundas. A coisa nunca foi fácil para nós, como também é verdade que em momento algum nos acomodamos com o que jamais nos foi entregue; o mundo edulcorado, próspero, que deixou de existir para os grupos raciais hegemônicos e avança dilapidando a biosfera, precisa ser ressignificado como "antimundo", expressão do pensador Luiz Rufino no livro *Vence-demanda: educação e descolonização*. Sem autoilusão, reunimos os materiais para estar à altura do cotidiano.

Já que nossas lutas são perenes, porque estão acima das circunstâncias do nosso tempo (emergência climática e desdemocracia, temos credenciais para sermos protagonistas de um processo revolucionário neste antimundo. Destaco aqui um trecho de *Vence-demanda*:

> Vivemos em um mundo fraturado. Talvez, seja mais oportuno dizer que aquilo que nos foi apresentado nos últimos séculos é uma espécie de antimundo, pois sua lógica está alicerçada em apresentar um modelo de existência somente possível em detrimento do desvio, da subordinação e da humilhação de tantas outras formas viventes. Para erguer catedrais se lançou mão de uma política de desencantamento, se firmaram

> contratos de subordinação e se mantêm até os dias de hoje agendas contrárias à vida. Existir, para além dos limites dessa lógica, é algo que se inscreve na diversidade, na coexistência e na participação ecológica entre os seres. [...][15]

O excerto de Rufino é outro modo de designar os propósitos globais deste livro, uma espécie de abre-alas para se ir além da lógica reinante. Por isso defendo que não se trata do *fim do mundo*, mas do *fim de um mundo*. E, sobre esse mundo que se despedaça, construímos expertise de reflexão e ação, que anteviu tragédias e elencou propostas antes mesmo de elas "virarem modinha" nos circuitos da desolação ocidental.

— • —

Em *A queda do céu*, Davi Kopenawa e Bruce Albert inserem na epígrafe do livro um trecho de Claude Lévi-Strauss que assinala:

> não dissocia a sina de seu povo da do restante da humanidade. Não são apenas os índios, mas também os brancos, que estão ameaçados pela cobiça do ouro e pelas epidemias introduzidas por estes últimos. [...] É emblemático que caiba a um dos últimos porta-vozes de uma sociedade em vias de extinção, como tantas outras, por nossa causa, enunciar os princípios de uma sabedoria da qual também depende — e somos ainda muito poucos a compreendê-lo — nossa própria sobrevivência.

Sob esse ponto de vista os feminismos negros, em particular, e as mulheres negras, em geral, se tornaram fenômenos de vidência: "parte da sociedade via o que ela continha de intolerável e via também a possibilidade de algo diferente", como disse Deleuze.

15 RUFINO, Luiz. *Vence-demanda: educação e descolonização*. Rio de Janeiro: Mórula, 2021.

E esse algo diferente foi acolhido pela proposta do Bem viver que, inspirada nos povos indígenas, manufatura uma filosofia, um sistema de vida, uma proposta política que recusa, radicalmente, os princípios do capitalismo, da violação da vida e dos direitos, como veremos no último capítulo.

Alerta: recomeçar, laborar formas diferentes e inaugurais não significa, contudo, flertar com a tábula rasa, retornar ao grau zero; corresponde a inventariar reflexões, sonhos e práticas que há muito estão elaborando outro mundo; as revoluções que fazem tábula rasa conduzem à catástrofe: totalitarismo, autocracia, ensina a História. Brandimos contra a ideia do começo absoluto, pois tudo já está pré-inscrito na enciclopédia dos possíveis produzida por diversas mãos, as mãos da nossa ancestralidade.

Na escuta de cada época, mulheres negras e todos os habitantes das bordas do sistema vêm propondo outras formas de reconfiguração da vida, antevendo as catástrofes que começam arruinando as beiradas: "Quando estamos à margem percebemos coisas que não conseguimos notar quando estamos no centro — meneou a cabeça. — Coisas grandes, jamais sonhadas por alguém: as pessoas que estão à margem enxergam primeiro", como constata Kurt Vonnegut em *Piano mecânico*.[16]

Descrever nossa intenção política sob essa rubrica corresponde a nomear um movimento simultâneo que opera em duas frentes: 1) ir além da afirmação corriqueira segundo a qual crises são janelas de oportunidades para mudanças há muito ruminadas (devo confessar que passei a relativizar esse postulado depois da pandemia de covid-19), 2) se distanciar das distopias (o retorno de Donald Trump ao poder é a quintessência disso).

Tal movimento demanda uma ação política que aponte para a transformação radical gestada na práxis negra e feminista:

16 VONNEGUT, Kurt. *Piano mecânico*. Rio de Janeiro: Intrínseca, 2020.

> Por mais que tenhamos sido investidos para esperar o fim e para ver baixar a salvação dos "justos", não nos cabe mais a contemplação dessa história. Ao longo desse tempo colonial muitos mundos já acabaram, foram esquecidos e assassinados. Porém, o que permanece por aqui é a guerra. E, nesse caso, os praticantes contrários ao modo dominante estão a batalhar para continuar a existir. Cotidianamente se faz luta com as experiências, os saberes e as tecnologias ancestrais que emanam da diversidade de jeito de sentir, vibrar e praticar o mundo com as coisas que por ele passam.[17]

Decididamente, nós, mulheres negras, abdicamos da tarefa de remendar os buracos do mundo e nos engajamos na produção de outro manto, tecido por bordados e pontos de costura bem diferentes dos que foram manufaturados na usina do desenvolvimento cuja fiadora foi a modernidade ocidental. Munidas dos saberes e das tecnologias ancestrais estamos aqui não somente para descolonizar o mundo (tarefa inegavelmente importante), mas também, como disse acertadamente Oyèrónkẹ Oyěwùmí, para exercer nossos hábitos de soberania.

De acordo com Oyěwùmí, quando falamos em descolonizar é preciso examinar para onde estamos indo, que efeitos o verbo produz e para qual propósito ele acena. Coloco Aimé Césaire, referência máxima do movimento de negritude, em solidariedade com a socióloga nigeriana: "porque não é verdade que a obra do homem está acabada, que não temos nada a fazer no mundo, que parasitamos o mundo, que basta que marquemos o nosso passo pelo passo do mundo, ao contrário, a obra do homem apenas começou [...]".[18]

Já que não estamos no mundo apenas para marcar nosso passo pelo passo do mundo, é preciso que se diga que

---

17 RUFINO, op. cit., p. 9.

18 CÉSAIRE, Aimé. *Diário de um retorno ao país natal*. São Paulo: Edusp, 2012, pp. 79-81.

não podemos restringir nosso papel à tarefa de descolonizar, muito menos considerar que este seja um trabalho eterno. Oyèrónkẹ Oyěwùmí não deixa margem à dúvida: para reivindicarmos acesso a uma soberania sistematicamente negada, é preciso que vivamos como seres humanos que têm história, civilização e sistemas de pensamento, sem precisar sempre colocar a branquitude em tudo o que propomos e fazemos. Donde a palavra "hábito" é importante, pois, para Oyěwùmí, "esquecemos que éramos autores de nós mesmos. E precisamos começar por nós mesmos."[19]

Reitero: Começar por nós mesmas não significa defender uma ação solipsista, que só consegue enxergar o próprio umbigo, mas adotar cosmopercepções que carregam a legitimidade para fazer emergir aquilo que já está há muito tempo construindo pequenos mundos nesse antimundo, pluriversos no coração do Universo. Tal construção supõe outro diálogo com a estética.

19 Em palestra proferida na Flup (Festa Literária das Periferias), no Rio de Janeiro, em 2024.

2 Antes da escuta do lixo, um ajuste de contas com o estético

Assim, de chofre, lanço uma pergunta: Como destecer o tecido carcomido desse antimundo e puxar os fios de outro tecido com o qual as mulheres negras vêm fiando uma possibilidade de mundo? Como produzir o comum a partir de outra topografia, rompendo a fronteira infranqueável do rebaixamento que nos converteu em lixo, insistindo na afirmação de Lélia Gonzalez que operou um deslocamento radical, nos realocando em lugar diferente? O comum aqui tem relação direta com a concepção adotada pelos feminismos, principalmente negros e indígenas: um modo de organização da vida que não esteja subordinado estritamente à lógica do mercado e ao neoliberalismo. Cuidar do comum significa, dessa forma, defender acesso à biosfera sem a ingerência do nexo econômico, abrindo mão de uma perspectiva predatória e especista. De acordo com Silvia Federici:

> A ideia de comum/comuns, nesse contexto, proporcionou uma alternativa lógica e histórica ao binômio Estado/propriedade privada, Estado/mercado, permitindo-nos rechaçar a ficção de que são âmbitos mutuamente excludentes, que exaurem nossas possibilidades políticas, como se só pudéssemos optar entre um ou outro. [...] O que, por exemplo, constitui um comum? Os exemplos são abundantes. Temos ar, água e terras comuns, bens digitais comuns. Alguns direitos adquiridos (como as pensões da previdência social) também são descritos como comuns, do mesmo modo que os idiomas, as bibliotecas e as produções coletivas de culturas antigas.[20]

20 FEDERICI, Silvia. *O feminismo e as políticas do comum*. São Paulo: N-1 Edições, 2018, pp. 3-4.

Requerer lugar na produção e na distribuição do comum é postular outro diagrama para o exercício da política no qual nossa posição não seja rebaixada, o que demanda reconhecer nosso papel de sujeitas que intervêm no curso da história. No traço e no rastro de várias pensadoras negras, no núcleo e nos vestígios (termo caro a Christina Sharpe)[21] de suas elaborações, vou me aproximando da estética, concebendo-a como um *projeto perene que resulta em transformações radicais de existência*, o que assinala a centralidade desse domínio para o reposicionamento das mulheres negras no diagrama proposto.

Além de Christina Sharpe e Lélia Gonzalez, estabeleço interlocução direta com Beatriz Nascimento, Leda Maria Martins, Saidiya Hartman, Dionne Brand, Alice Walker, Denise Ferreira da Silva, entre outras mulheres negras, para (re) situar a estética num patamar de significativa importância para a instituição de outro mundo. Faço deste livro uma espécie de megafone que amplifica essa fantástica assembleia de talentos, essa constelação de vozes negras no feminino, que promovem deslocamentos e revogam conhecimentos estabilizados, implantando questionamentos inabituais na área da estética.

Não se trata de reduzir e indexar o político ao estético, mas de apontar o laço indissolúvel que amarra as pontas desses dois domínios e instala as possibilidades de mediação pela linguagem, de reinterpretação e refundação de signos e de decodificação dos códigos. Trata-se, antes, de: 1) homologar aproximações entre *estética* e *política*; 2) conceber a primeira como um gesto fundador da realidade e não apenas um traço decorativo da segunda; 3) dimensionar, no território tecido pelas mulheres negras, como essa confluência responde

21 Para Christina Sharpe, os vestígios são uma plataforma, uma metodologia que nos possibilitam rastrear as memórias negras que foram escondidas, invisibilizadas, subsumidas, numa história predominantemente branca. Os vestígios comportam, para a autora, um caráter anfíbio: tanto revelam a perspectiva da antinegridade — que tenta nos manter no campo da falta, da morte, seja física ou simbólica, da destituição —, quanto a perspectiva da negritude, que busca pelos vestígios construir novas vias de acesso para a vida negra. A escolha do termo "vestígio", em inglês, surfa na ambiguidade que lhe é inerente: "vestígio", vigilância, vigia, velório e/ou vereda. SHARPE, Christina. *No vestígio: Negridade e existência*. São Paulo: Ubu, 2023.

às demandas do presente por mudanças de fôlego. Essas três instâncias, assim postas, participam de duas questões igualmente açambarcantes, a do imaginário e a da representação, de tal modo que uma vista de olhos desatenta pode até tomá-las como indiscerníveis.

Da leitura das obras das mulheres acima referidas, é possível rastrear as brechas que servem de passagem para a luz num terreno pantanoso e altamente tóxico (desculpem o uso do termo que está puído, enxovalhado) e observar os vasos comunicantes entre *estética*, *política*, *imaginário* e *representação* — o quarteto para o qual não existe muralha intransponível capaz de separar os elementos de sua composição. O biombo poroso e trespassado que serve para delimitar as fronteiras de um e de outro é a evidência sólida de uma orquestração que compôs a sinfonia colonial-escravagista-imperialista.

O que nos demonstra Saidiya Hartman senão uma forma exitosa de interdição, exclusão e apagamento por meio de operações que foram, na mesma respiração, estéticas, políticas e representativas? O que devemos depreender das iniciativas do movimento de mulheres negras, como o Instituto Odara, Geledés - Instituto da Mulher Negra, Criola, Grupo de Mulheres Negras Mãe Andresa, senão uma possibilidade de romper os nós da tríade acima referida?

Com espírito detetivesco, Hartman põe sob suspeita a historiografia e a sociologia clássicas que tiveram o papel de subalternizar e até mesmo criminalizar comportamentos tidos por essas áreas do conhecimento como degenerados. Examinando minuciosamente materiais arquivísticos de jovens negras estadunidenses do Harlem no início do século XX, a escritora afro-americana desvela os resultados e as conclusões aos quais chegaram esses materiais:

> [...] O que eu sei da vida dessas jovens foi apurado em registros de cobradores de aluguel; pesquisas e monografias de sociólogos; transcrições de julgamentos; fotografias do

gueto; relatórios da delegacia de costumes, assistentes sociais e oficiais de condicional; entrevistas com profissionais da psiquiatria e da psicologia; e autos de prisão — e em todos esses documentos elas são representadas como um problema. [...] Criei uma contranarrativa livre dos julgamentos e das classificações que submeteram jovens negras a vigilância, punição e confinamento, e que oferece um relato sobre os belos experimentos — de fazer do viver uma arte — realizados por aquelas muitas vezes descritas como promíscuas, inconsequentes, selvagens e rebeldes.[22]

Saidiya Hartman examina como esses traços espessos de significação foram esculpindo negativamente a vida das jovens negras e, a exemplo das lesmas, que deixam filetes prateados nos muros e trilhas dos jardins, não conseguiram apagar os rastros de sua operação interna, que é fundamentalmente política. A autora se lança, assim, na construção de um trabalho de simetria inversa, desassociando "a rebeldia, a recusa, a ajuda mútua e o amor livre de sua identificação como desvio, criminalidade e patologia".[23]

Num exercício infatigável de *restituição* (termo que também vertebra este livro), Hartman, ao modo de arqueóloga (de certa maneira, todas nós somos provisoriamente operárias das profundezas em busca do que tentaram soterrar) recupera, como ela própria diz, terrenos insurgentes de vidas, enxergando beleza, emancipação, autonomia, liberdade, leveza onde só se via, ontem e hoje, negatividade ou ausência de qualquer significado que possa revestir uma história digna.

A autora pontilha a trajetória de pessoas anônimas e célebres — todas convertidas em personagens no livro que compõe outra prosa do mundo, outro teatro da vida — e torna viável a possibilidade de projetar seus feitos no presente para que se obstrua a temporalidade parasitária que insiste

22 HARTMAN, Saidiya. *Vidas rebeldes, belos experimentos*. São Paulo: Fósforo, 2022, p. 12.
23 Id., Ibid.

em perfurar o tecido do cotidiano e para que se abra outra cavidade para o tempo espiralar.

Aproximando ainda mais a lupa sobre esse empreendimento da autora, flagramos o caráter monumental que lhe é inerente, pois labuta em prol do que não está prefigurado na ordem da existência, recuperando histórias e trajetórias vilipendiadas, esquecidas, soterradas, invisibilizadas. O que nos leva sempre a reiterar: quando falamos da construção de outro mundo, não nos solidarizamos com a lógica da tábula rasa, do grau zero, mas buscamos recuperar, em novas bases e perspectivas, gestos de *instituição* e *fundamentação* que nos antecederam e apresentam força diamantina para tal feito.

Constataremos que esse é um exercício de múltiplas tarefas que envolvem o estético e o político, resultado de arranjos que carregam os moldes de um estilo inspirado no tecer do fuxico, do *patchwork*, abrigados em casas de adobe. É uma tarefa que, de camada em camada, vai confrontando a linguagem que designou as pessoas e as coisas do mundo em busca de novas formas de nomeação:

> O significante não detém apenas a capacidade de anular, como no chiste, o sentido do código, ele é também a pedra angular que pode substituir a "pedra no sapato": ali onde o real que não coube no simbólico caiu em decadência, o significante pode, caso o sujeito do inconsciente escolha ser por ele bem enganado, voltar para reerguer o que ele um dia deixou cair.[24]

Ainda sobre o conceito de estética que lancei aqui — um projeto que resulta em transformações radicais de existência —, podemos ensaiar aproximações no terreno revolvido por Saidiya Hartman, Beatriz Nascimento e Lélia Gonzalez, no qual se encontra aquilo que foi deixado para trás e se mostra, a quem se predispõe a apurar todos os sentidos, um lugar prenhe de belos experimentos, um laboratório de iniciativas deslegitimadas, uma incubadora de projetos que não cessa

24 DIDIER-WEILL, Alain. *Os três tempos da lei*. Rio de Janeiro: Zahar, 1997.

de produzir insumos conectados por fios do passado-presente que não dormem, mas se tecem e se destecem sem cessar, em eterna vigília.

Da forma como chegou aos circuitos de *conceituação*, *projeção*, *análise* e *circulação*, o estado germinal da estética é detectado, nos marcos do Ocidente, no território grego (a grande arena que se beneficiou dos atos coloniais de *demolir*, *anistiar*, *apagar* e *substituir*, partidária da ideia de que foi a pia batismal da civilização mundial), e, de lá, serpenteou um longo caminho envolto em um cipoal de confusão e disputas: "longa e exaustiva é a descrição do objeto estético", vaticinou Mikel Dufrenne.[25]

Pelo esmeril de viés colonizador, uma noção hegemônica de estética operou uma lapidação que ejetou do seu núcleo as perspectivas afro-indígenas. Se esmerilar está relacionado à ideia de lustrar e retirar o brilho para tornar fosco, muito do brilho das nossas pedras fundantes foi brutalmente raspado.

Já que "gris, caro amigo, é toda teoria, e verde a áurea árvore da vida", como disse Goethe, a minha reconciliação com o domínio estético se dá por um veio que procura devolver o brilho àquilo que foi esmerilado pelo conhecimento euro-ocidental, reconhecendo e celebrando os frutos dessa árvore que tentaram podar e derrubar, mas resistiu e verdejou em lugares e territórios absolutamente improváveis, aparentemente desérticos. Repito: é preciso gestar o impossível!

Espero ter dito o suficiente para afastar vozes que insistem em encapsular a disciplina estética numa rota que, novamente, tem como ponto de partida a *mimesis* na Grécia antiga e dela recebe o combustível mais que necessário para, toda sisuda, seguir seu curso, sem freios, nem desvios, passando pelas pradarias do belo metafísico da Idade Média, pela poética do renascimento e do classicismo francês, até chegar, no século XVIII, às mãos de Alexander Gottlieb Baumgarten, responsável por burilá-la até convertê-la em disciplina autônoma.

---

25 DUFRENNE, Mikel. *Estética e filosofia*. São Paulo: Perspectiva, 2015, p. 11.

Se na Grécia antiga as questões do belo e da experiência artística receberam o epíteto de poéticas e retóricas, é só com o empreendimento de Baumgarten que elas definitivamente são abrigadas no guarda-chuva do estético — o tecido do sensível e das formas de inteligibilidade que incidem sobre ele. Tal delimitação abriu uma larga avenida para a emergência de outros pontos de inflexão e reposicionamento, a exemplo da *Crítica do Juízo*, de Kant, e das *Lições sobre estética*, de Hegel. Em tempo: ambos os autores, como se sabe, têm ficha corrida em matéria de racismo.

Tanto *Crítica do Juízo* quanto *Lições sobre estética* provocam, incessantemente, reflexões em série semelhantes à confecção das matrioscas — as bonecas russas produzidas em tamanhos decrescentes, colocadas uma dentro da outra. A metáfora das matrioscas estimula a emersão de vozes incansáveis que produziram uma sinfonia que resultou, no mais das vezes, num coro de cacofonias que se revezam entre a acusação e a defesa.

Decididamente, os dois conceitos supracitados tornaram-se a pedra de toque para o exame acurado da estética. As acusações, com Hegel, ganham uma sólida referência para apontar a caducidade da estética e do conceito de obra. Pelo que se vê, não é preciso incomodar os especialistas de plantão para admitirmos que o domínio da estética ocidental, desde que se converteu em disciplina autônoma por Baumgarten, nunca dormiu em berço esplêndido. A bem da verdade, é preciso que se reafirme em maiúsculas: as observações em tons sombrios e perturbadores sobre o domínio do estético criam um clima de inverno quase permanente, enevoando a emergência do orvalho primaveril das pétalas de vozes negras e indígenas, que há muito anunciam inventivas perspectivas e princípios a léguas de distância do terreno por onde brotam esses postulados.

Um Himalaia de reflexões dá testemunho desse tom plúmbeo que atraiu chuva e trovoada para a horta do território estético. Theodor Adorno, György Lukács, Jacques Rancière são alguns nomes que captam de forma irrepreensível este mal-estar *da* e *sobre* a estética:

> A estética tem má reputação. Quase não passa ano sem que uma nova obra proclame seja o fim de seu tempo, seja a perpetuação de seus delitos. Tanto num quanto noutro caso, a acusação é a mesma. A estética seria o discurso capcioso pelo qual a filosofia, ou certa filosofia, desvia em interesse próprio o sentido das obras de arte e dos julgamentos de gosto.
>
> Se a acusação é constante, suas expectativas variam. [...][26]
>
> [...] Talvez haja realmente certa necessidade de começar toda discussão a respeito da possibilidade da experiência estética na sociedade contemporânea repetindo essa frase. Começar por dizer: "não é certo que algo como a experiência estética possa, de fato, existir". Pois há que sentir o risco de sua inexistência, a dificuldade monstruosa de sua afirmação contemporânea, o desconforto que ela causa, antes de simplesmente referendá-la em alguma chave de segurança ontológica. A existência da experiência estética não é certa, talvez ela nem sequer seja mais possível no interior do horizonte histórico que é o nosso. Há uma coordenada histórica que, se não a invalida por completo, ao menos a problematiza de forma dramática.[27]

Esse modo de apreensão da estética segue vivo até hoje e tornou-se o principal programa dos estudos da área nos últimos anos, como os excertos de Rancière e Safatle mostram de forma cristalina. Na esteira de Adorno, que esticou a corda quanto à (im)possibilidade de afirmação da arte num contexto em que tudo se integrava harmoniosamente ao capitalismo, Safatle questiona a possibilidade histórica dos horizontes sociais de experiência promoverem a emancipação coletiva.

De feitio diverso ao figurino adotado por Adorno, Walter Benjamin também recolocou na roda a impossibilidade

26 RANCIÈRE, Jacques. *Mal-estar na estética*. São Paulo: Editora 34, 2023, p. 17.

27 SAFATLE, Vladimir. *Em um com o impulso*. Belo Horizonte: Autêntica, 2022, p. 15.

do exercício da estética tradicional em nosso tempo, uma vez que o capitalismo e o nazifascismo alteraram drasticamente as formas milenares de representação por meio da supremacia da técnica. Para Benjamin, categorias como gênero e estilo mostravam-se obsoletas para decifrar as novas linguagens, como a fotografia e o cinema. Decididamente, a estética ocidental não estava à altura do seu cotidiano, o que estimulou Walter Benjamin a cogitar a fundação de uma nova estética que pudesse estar em sintonia com o contemporâneo.

Com perfume inegavelmente marxista, György Lukács segue trajeto semelhante, mas caminha por outras bifurcações dessa mesma via. O pensador húngaro procurou compreender o fenômeno artístico pelas lentes da perspectiva dialética, considerando a arte como reflexo da realidade social e histórica, e não apenas como um mero produto de subjetividades individuais. Lukács se empenhou em situar a estética num ponto de equilíbrio, afastando-se, de um lado, de um subjetivismo idealista e, de outro, atacando um materialismo reducionista. Numa espécie de "nem tanto ao mar, nem tanto à terra", propugnou uma teoria estética assentada na função crítica e emancipadora da arte.

— • —

Impossibilidade, inexistência, caducidade, limitação, descompasso, reacomodação, reajustes... Essas palavras flagram os movimentos das reflexões acima mencionadas de forma sintética e se assemelham aos movimentos de aproximação e distanciamento que entrelaçam as histórias de uma e de outra, ainda que ocasionalmente funcionem como biruta de aeroporto, indicando a força e a direção dos ventos.

Tal como bolas de bilhar, essas reflexões ora se cruzam, ora se trombam, mas sempre se movimentam num perímetro mais ou menos delimitado, num campo comum em que outras cosmopercepções (termo emprestado da socióloga nigeriana Oyèrónkẹ Oyěwùmí) nem sequer são cogitadas.

Essas cosmopercepções, por serem sempre marginalizadas, estão num ponto de latitude máxima em relação às reflexões dos séculos XVIII e XIX que agregaram categorias, tomando-as como divisíveis por uma mesma visada: *sujeito* e *objeto*, *conteúdo* e *forma*, *matéria* e *espírito* foram mobilizados, em plena era da voga empirista, para legitimar certa rubrica de "ciência do belo". As formas de concepção e experimentação dos povos dominados seguiram outras sendas e não se cansam de oferecer insumos para refigurar as formas do sensível no antimundo, tornando-o assim um mundo capaz de ser vivido e concebido.

Se estética (*aisthesis*) significa sensação, percepção pelos sentidos, advogo a ideia de que dessas cosmopercepções podemos sentir outro hálito do mundo, onde mulheres negras ins-piram (aquisição de habilidades práticas e teórica herdadas da ancestralidade) e ex-piram (afetam e são afetadas na cadência dos sentidos e dos múltiplos ritmos da existência que deles derivam, sem nunca abrir mão de que são um corpo e um *corpus* no mundo, para lembrar, num golpe só, Luedji Luna e Leda Maria Martins, respectivamente).

Não é sem razão o emprego das palavras *inspirar* e *expirar*, pois como não nos deixa esquecer o pensador Alessandro Nannini, o reino da estética se estende interiormente e sob a pele (*intus et in cute*), onde a respiração nos torna conscientes de um primeiro conhecimento do mundo e de nós mesmas, ou seja, nos faz perceber o entorno e ser percebido por nós mesmas. Esse papel primordial da estética foi desconsiderado pela metafísica ocidental, o que exige de nós um afastamento telescópico dos seus postulados. Precisamos destecer da ideia de estética ocidental a sua aspiração universalizante. (Quiseram fazer dos dois termos — inspirar e expirar — um só, excluindo o último do repertório estético.)

Algo que nos é externo, estrangeiro, imiscui-se nesse movimento duplo da respiração e se instala nas nossas mais profundas entranhas. Não é por acaso que a estética, em sua raiz de *aistho*, tem a ver com a inspiração, onde a experiência da alteridade é radical: "para pensar de modo belo não basta estudar e exercitar as regras da estética, mas é necessário estar exposto a uma experiência de alteridade, a qual está inscrita na mesma dinâmica da respiração e, portanto, de modo ainda mais evidente, na inspiração".[28]

Considero que é possível, mais do que isso, é imperioso puxar os fios de um extenso cordão que atravessou o Atlântico e se deve desdobrar e retecer para que a respiração do mundo se deixe afetar pelo outro e tenha efeitos na pulsação da vida coletiva, considerando o duplo movimento da respiração — inspiração/expiração — como possibilidade de darmos a volta completa nos gestos que põem em jogo a dinâmica da estética. Os fios de Ariadne pouco ou nada podem nos ajudar nesta tarefa monumental.

Homi Bhabha é incansável em relembrar que os conceitos de cultura e estética para os povos afrodiaspóricos não seguem o leito do rio canônico, que deixou profundas experiências de fora do seu curso de mão única, sem considerar os múltiplos afluentes e confluentes que desaguaram na foz de outros rios:

> [...] toda uma gama de teorias críticas contemporâneas sugere que é com aqueles que sofreram o sentenciamento da história — subjugação, dominação, diáspora, deslocamento — que aprendemos nossas lições mais duradouras de vida e pensamento. Há mesmo uma convicção crescente de que a experiência afetiva da marginalidade social — como ele emerge em formas culturais não canônicas — transforma nossas estratégias críticas. Ela nos força a encarar o conceito de cultura exteriormente aos *objets d'art* ou para além da canonização da "ideia" de estética, a lidar com a cultura como produção irregular e incompleta de sentido e valor, frequentemente composta de demandas e práticas incomensuráveis, produzidas no ato da sobrevivência social.[29]

28 NANNINI, Alessandro. "Baumgarten e o problema da beleza: *Aisthesis*, educação estética, inspiração". In: *rapsódia*, n. 16, p. 54. Disponível em: https://revistas.usp.br/rapsodia/article/view/205540.

29 BHABHA, Homi. K. *O local da cultura*. Belo Horizonte: Editora UFMG, 2007, p. 240.

Advertência à vista: não podemos confundir *vida estética* com a *estetização da vida*, expressão utilizada por Gilles Lipovetsky,[30] pois as duas expressões não se prestam à mesma economia significante: a primeira vem procurando formas de conceber um modo de existência que escape da tecedura que amarrou os nós da tríplice discriminação (não esqueçamos: a escravidão transatlântica foi a única escravidão que converteu pessoas negras em corpo-moeda, corpo-objeto e corpo-mercadoria, de acordo com Achille Mbembe na trilha de Frantz Fanon); a segunda expressão concerne à voracidade do capitalismo que, segundo Lipovetsky, não está mais centrado na produção material, como na época fordista, mas avança no território imaterial, colonizando o imaginário, os sonhos e a sensibilidade.

Falar de vida estética e de suas possibilidades nesse mundo que se despedaça é falar de atitude perigosa porque implica volteios múltiplos que formam um programa em camadas, um programa que principia com a pergunta tão dura quanto poética de Jota Mombaça em *Ñ Ṽ nos matar agora*: "Como desfazer o que me tornam?" — um questionamento que se equilibra nos fios que se esticam para encontrar na outra ponta a constatação pedagógica de Conceição Evaristo: "eles combinaram de nos matar, nós combinamos de não morrer". Entre uma inquirição (Jota Mombaça) e uma constatação (Conceição Evaristo), um caminho tracejado por gestos de beleza, atravessado pela alteridade, vai sendo palmilhado pelos "terrivelmente outros" do mundo (expressão que uso para destacar como se dinamiza a designação aos povos originários, negros, população LGBTQIAPN+, palestinos...).

Não estou com isso promovendo elipse nas histórias daquelas e daqueles que não conseguiram resistir e tombaram. Eliana Alves Cruz, em *A vestida*,[31] trata da vulnerabilidade de vidas negras que seguem em perigo, como a de Dadau, do conto "Peito de ferro". Para ela, há aqueles que se cansam,

30 LIPOVETSKY, Gilles & SERROY, Jean. *A estetização do mundo: viver na era do capitalismo artista*. São Paulo: Companhia das Letras, 2015.

31 CRUZ, Eliana Alves. *A vestida*. Rio de Janeiro: Malê, 2022.

sucumbem, enlouquecem, morrem, dos quais também é sempre preciso falar e criar um inventário capaz de dar dignidade a essas vidas.

A reiteração da palavra "alteridade" nos coloca de par em par com as estéticas indígenas, pois, desde a forja da escravidão, nos converteu em habitantes de terras contíguas, em vizinhas solidárias, sem que distâncias atlânticas pudessem apartar e destruir as nossas cosmopercepções.[32]

Carla Milani, em *Estéticas indígenas*, apresenta um conceito de estética que sela, em definitivo, tal vizinhança, um quase parentesco:

> A estética sempre foi mundana, viva... avivadora ou vivificadora. [...] atestamos, por fim, que o sentido de estética pensado inicialmente era o de "percepção". Não o da sensibilidade ou da criação, ou da recepção de um padrão imposto com o qual nos deleitamos por já estarmos com ele familiarizados. O verbo "perceber" ou "percepcionar", neste sentido, demanda em relação com algo, demanda alteridade. [...]
>
> *Estar em relação com algo*, portanto, seria uma *condição*, por assim dizer, de definição principal do termo.[33]

Sem querer usar as vestes da pureza, podemos acusar o empreendimento ocidental de desconsiderar esse viés basilar da estética. Cioso em converter a disciplina estética como ciência do belo, que forneceria os elementos de uma lógica universal (irrealizável na prática), esse empreendimento patrocinou uma visão de arte hierarquizada, rebaixando práticas artísticas e estéticas que partiam de outros conjuntos amplos de técnicas, materiais, práticas, conceitos e representações,

---

32 No âmbito da Conferência Mundial contra o Racismo, Discriminação Racial, Xenofobia e Intolerância Correlata, realizada em Durban, África do Sul, em 2001, foi estabelecido o Pacto de Aliança entre mulheres negras e indígenas para fortalecer a luta contra o racismo e a discriminação, com foco na interseccionalidade das opressões. O pacto reconheceu as experiências de racismo e discriminação das mulheres negras e indígenas em decorrência da identidade de gênero, raça e posição social.

33 DAMIÃO, Carla Milani; BRANDÃO, Caius (orgs.). *Estéticas indígenas: III Colóquio de Estética da FAFIL/UFG*. Goiás: Gráfica UFG, 2019.

que faziam da expiração (afetar-se pelo outro) um movimento indissociável da inspiração (sorver o mundo).

Como esquecer da catalogação perversa que foi produzida desde "a descoberta do Novo Mundo" e continua sendo parâmetro para os conceitos ocidentais contemporâneos? As criações e as produções dos povos desses territórios foram rapidamente etiquetadas como "arte primitiva", "arte tribal", "arte nativa", "arte índia". Devemos relembrar que a atitude de recusa e de assimilação (que devora e sequestra a cultura do outro, tal como fizeram com o manto tupinambá) participam de um mesmo regime.

É por isso que Ailton Krenak defende que devemos questionar o mito da arte europeia e sua estrutura normatizadora e reguladora hegemônica, assim como suas consequências, e devemos apresentar outro viés possível para que possamos garantir a compreensão e a existência da produção artística brasileira e latino-americana. Ainda para Krenak, a arte é o último reduto da metafísica ocidental, uma forma de manutenção da lógica universalista que a sustenta.

Lélia Gonzalez e Beatriz Nascimento foram argutas em responder ao questionamento de Krenak. Ambas entrecruzam ativismo político com estética, apresentando um programa reflexivo e prático para se compreender como se metabolizou dor em força e beleza.

A cultura afrodiaspórica foi exitosa em fazer-se morada para a gente negra brasileira. Elaboramos uma forma de existência em que saímos do lugar da abjeção, da invisibilidade, para habitar o lugar do acesso à altivez. Já que a República nascente, o jogo democrático que começava a se estabelecer, nos manteve nas escalas mais abissais de rebaixamento, no carnaval, nas congadas, nos reisados, nas festas do Divino Espírito Santo, nas manifestações das religiões afro-brasileiras e em outras expressões nos fizemos rainhas e reis, senhoras e senhores de outra história, manufaturada sobre os pilares de outro roteiro, enredo e personagens que abriram um portal para o exercício do hábito de soberania subtraída dos espaços da ação política, em sua dimensão micro e macro (eis uma mostra singela de como metamorfosear dor em beleza, sem ficarmos alheios à brutalidade que atravessa nosso corpos). Venho insistindo que nessa operação reside a substantiva diferença entre nós, negros brasileiros, e os negros estadunidenses.

A título de exemplo, a corrente do afropessimismo relata uma experiência em que só há encapsulamento, destituição, fruto da permanente condição de escravizado que se anexa à identidade dos afro-americanos até hoje. Temos ciência do quanto essa condição também nos persegue e nos condiciona, o quanto a condição de cativo, como disse Denise Ferreira da Silva,[34] se projeta na contemporaneidade num espectro restrito. Exatamente por isso, procuramos formas de resistência que nos garantissem as condições mínimas para que pudéssemos sobreviver nos deslocando para outros territórios, ainda que provisórios e efêmeros. O âmbito da cultura — que não é apenas linguagem e expressão artística — foi e é a plataforma na qual performamos outra maneira de nos colocar no mundo.

Reside aí o principal motivo pelo qual mobilizo politicamente a estética e, mais do que isso, por que defendo que ela é uma via fundamental para a emergência de um novo mundo que seja realmente novo, vestido com um figurino que foi recusado para cobrir o manto do mundo, tal como projetado visualmente por Remedios Varo.[35]

Eis o valor de urgência do trabalho das mulheres negras e de todos os habitantes das margens e periferias do mundo, um trabalho que nos instala na hermenêutica das profundezas, dando vazão ao nosso *espaço de experiência* e ao nosso *horizonte de expectativa*.

Ao quadro da pintora espanhola Remedios Varo, podemos também aproximar o Manto Tupinambá, os mantos de

---

34 SILVA, Denise Ferreira da. *A dívida impagável: uma crítica feminista, racial e anticolonial do capitalismo.* Rio de Janeiro: Zahar, 2024.

35 Referência à obra "Bordando el manto terrestre", 1961, de Remedios Varo.

Bispo do Rosário e o trabalho magnífico de Madalena dos Santos Reinbolt, mulher negra nascida em Vitória da Conquista (BA), em 1919, empregada doméstica de Lota de Macedo Soares e Elizabeth Bishop, em Petropólis. A estética ocidocêntrica encapsulou o trabalho de Madalena Reinbolt na chamada arte naif ou primitiva.

Tarefa de tal monta não pode prescindir de uma experiência que abala as nossas certezas e os alicerces que deram a elas verniz de legitimidade universal. Pela interpretação de Vladimir Safatle, a experiência estética está no epicentro de uma mudança estrutural, pois segundo ele, nossos afetos e nossas percepções só se reconfiguram se houver um debate contra a *arché, a ordem e a forma*. Talvez o mais profundo dos gestos políticos.

Pois bem, ao olharmos bem para trás, nos filiamos a um programa político em que a *arché*, a ordem e a forma tornaram-se, desde sempre, alvo de crítica e recusa, em que consideramos a dimensão do sensível como um território no qual se pode revolver o campo da ação política. Dizer sensível é cogitar maneiras de produzir uma gramática que desafia o ideário neoliberal, uma vez que tal ideário amplificou uma tecnologia micropolítica para atingir o plano da sensibilidade.

Mas como escutar a voz de um segmento que segue na base da pirâmide, vítima das piores iniquidades, da violência obstétrica, do feminicídio, da pobreza e da exclusão? Como fazer com que esse jeito de sentir, vibrar no mundo estabeleça novos laços sociais?

3 Agora, sim, o lixo vai falar... e numa boa: a mulher do fim de um mundo que canta com Elza Soares

Retomemos pelas mãos de Lélia Gonzalez e de Elza Soares. Duas figuras brilhantes, duas mulheres que nos imantam com o brilhantismo forjado pela luta renhida de desejar o impossível e realizar o improvável, como bem disse Leda Maria Martins ao examinar as "coreografias do impossível". O que une o célebre fragmento da mulher que fundamentou o feminismo negro latino-americano e a música de Elza Soares, uma rocha que resistiu às mais difíceis intempéries e superou os mais íngremes desafios? Antes de ensaiar qualquer resposta, revisitemos os dois textos-manifesto:

> Ora, na medida em que nós negros estamos na lata de lixo da sociedade brasileira, pois assim o determina a lógica da dominação, caberia uma indagação via psicanálise. E justamente a partir da alternativa proposta por Miller, ou seja: por que o negro é isso que a lógica da dominação tenta (e consegue muitas vezes, nós o sabemos) domesticar? O risco que assumimos aqui é o do ato de falar com todas as implicações. Exatamente porque temos sido falados, infantilizados ("infans" é aquele que não tem fala própria, é a criança que se fala na terceira pessoa, porque falada pelos adultos), que neste trabalho assumimos nossa própria fala. Ou seja, o lixo vai falar, e numa boa.[36]

> Meu choro não é nada além de carnaval
> É lágrima de samba na ponta dos pés
> A multidão avança como um vendaval
> Me joga na avenida que não sei qual é [...]

36 GONZALEZ, Lélia. "Racismo e sexismo na cultura brasileira". In: *Por um feminismo afro-latino-americano*. Rio de Janeiro: Zahar, 2020.

Quebrei a cara e me livrei do resto dessa vida
Na avenida dura até o fim
Mulher do fim do mundo
Eu sou, eu vou até o fim cantar

Mulher do fim do mundo
Eu sou, eu vou até o fim cantar
Cantar, eu quero cantar até o fim
Me deixem cantar até o fim [...][37]

Tanto Lélia Gonzalez quanto Elza Soares nos ofertam a possibilidade de deslocamento radical, capaz de nos transportar para outra topologia (note: aqui não é mais o lugar de fala, mas a fala como lugar), em que a regressão, a destituição, a violação, a discriminação e a exclusão não encontram morada. Não é um lugar de negação, mas de afirmação de uma soberania negada, de um processo constante de restituição da nossa história pessoal e coletiva.

Folheando as páginas de "Racismo e sexismo na cultura brasileira", texto em que Lélia Gonzalez desfere essas palavras contra toda e qualquer forma de rebaixamento que nos colocou na lata de lixo, testemunhamos um lance que só as mestras são capazes de empreender, pois é na forma de enunciação que mora a astúcia do enunciado.

Ao anunciar/enunciar "o lixo vai falar, e numa boa", Lélia nos retira do lugar da subalternidade, portanto rompe a condição de lixo e confere a todas nós a possibilidade de alcançar o estatuto de emancipação pela linguagem: ao falar deixamos de ser faladas, ao falar enunciamos algo no/para o mundo e, ao enunciar, disputamos a possibilidade de sermos ouvidas. Esse percurso complexo, ainda que não rompa completamente com a lógica da dominação que se fez nos infantilizando, sequestrando a nossa fala, é a trilha em que encontramos os jardins das nossas mães e colhemos

37 "A mulher do fim do mundo", composição de Rômulo Fróes e Alice Coutinho.

as flores e frutos para fazer giros em torno das nossas existências, como veremos a seguir.

Elza Soares, por sua vez, prometeu e cumpriu. Cantou até o fim, cantou a despeito das agruras, das perdas traumáticas, das injustiças; cantou mesmo quando o mundo disse *game over* para ela; cantou demonstrando como metabolizou miséria material e simbólica em belos experimentos, bem ao modo de Saidiya Hartman; cantou para espantar todos os males; cantou para salvar a si e a todas que como ela souberam o que é a lata do lixo. Mas porque cantou, reelaborou, porque cantou transmutou, porque cantou se emancipou.

Lélia e Elza — a pronúncia dos dois nomes é de uma sonoridade, uma melodia suave mas incisiva, música para os ouvidos — são promotoras de um gesto estético porquanto desenharam e executaram, instituíram e fundamentaram projetos que puseram em funcionamento uma engrenagem que produziu transformações radicais de existência.

Essas duas figuras monumentais reposicionam uma questão que vem sendo lustrada há muito séculos pelas ciências, filosofias e poéticas do discurso: a linguagem como morada do ser humano. É certo que esse viés da linguagem vem ganhando, no transcorrer do tempo, maciço investimento de um painel teórico tão extenso quanto heterodoxo povoado por Martin Heidegger, Martin-Buber, Julia Kristeva. É necessário, no entanto, destacar como mulheres negras deram vários *duplos twists* e *triplos carpados* para dar à Linguagem (com L maiúsculo) o lugar de antecedência na ascensão do humano. Foi nessa concepção de Linguagem que nos banha, nos habita e nos ultrapassa que Lélia Gonzalez encontrou suporte para romper com a condição de lixo.

Como Clarice Lispector ensinou,

> [...] Minha voz é o modo como vou buscar a realidade; a realidade, antes de minha linguagem, existe como um pensamento que não se pensa, mas por fatalidade fui e sou impelida a precisar saber o que o pensamento pensa. A realidade antecede

> a voz que a procura, mas como a terra antecede a árvore, mas como o mundo antecede o homem, mas como o mar antecede a visão do mar, a vida antecede o amor, a matéria do corpo antecede o corpo, e por sua vez a linguagem um dia terá antecedido a posse do silêncio.[38]

Examinar esse movimento de silêncio-fala é acompanhar, insisto, os esforços em torno de uma ação política, ética e estética nos quais se flagra o estatuto do simbólico que confere inteligibilidade pela linguagem e institui/restitui pela fala, pelo discurso.

Trata-se de uma mudança de estatuto que é vista como empreendimento de altíssima envergadura por bell hooks, de tal modo que escreveu um livro cujo título é *Erguer a voz*. Nele, a teórica negra e feminista deixa explícito o que significa assumir uma voz:

> [...] Mais uma vez, a ideia de encontrar uma voz ou ter uma voz assume primazia na fala, no discurso, na escrita e na ação. Como metáfora de autotransformação, isso tem sido especialmente relevante para grupos de mulheres que previamente nunca haviam tido uma voz pública, mulheres que estão falando e escrevendo pela primeira vez, incluindo muitas mulheres não brancas. A ênfase feminista na busca da voz pode parecer clichê às vezes, especialmente quando se insiste em que as mulheres compartilham uma fala comum ou que todas as mulheres têm algo significativo a dizer o tempo todo. Entretanto, para as mulheres de grupos oprimidos que têm reprimido tantos sentimentos — desespero, fúria, angústia —, que não falam, como escreve a poeta Audre Lorde, "pelo medo de nossas palavras não serem ouvidas nem bem-vindas", encontrar a voz é um ato de resistência. Falar se torna tanto uma forma de se engajar em uma autotransformação ativa quanto um rito de passagem quando alguém deixa de ser objeto e se transforma

38 LISPECTOR, Clarice. *A paixão segundo G. H.* Rio de Janeiro: Rocco, 1998.

em sujeito. Apenas como sujeitos é que nós podemos falar. Como objetos, permaneceremos sem voz — e nossos seres, definidos e interpretados pelos outros. [...][39]

Mas de qual tipologia de sujeitas estamos falando? Como impedir que nosso Ser seja definido e interpretado pelos outros? Certamente, não estamos falando de uma emancipação que surge no rastro tracejado pelo sujeito que passa a ser fonte de suas representações e de seus atos, mesmo que nada indicasse o nascimento de tal "monstro", como disse Aristóteles, em *De Anima*; não estamos nos reportando ao sujeito que foi talhado pela modernidade e projeta a história do Ser dentro de liames estreitos, mas com pretensão de se dizer Universal.

Já que fomos convertidas em não ser no bojo da modernidade euro-ocidental, como ensinou Sueli Carneiro, o ritual de passagem do qual fala bell hooks percorre caminhos que seguem o mapa da transatlanticidade, nos termos de Beatriz Nascimento. Assim, todo o programa formulado por Michel Foucault em que o cuidado de si, o universo das técnicas, das práticas de si e o estudo da constituição do sujeito como objeto para ele mesmo não encontram nos fios tecidos pelas mulheres negras os mesmos agenciamentos discursivos.

Sem rejeitar os elementos do programa foucaultiano, bordamos cada item dessa tela por meio de outras técnicas de cuidado de si e de outras histórias da subjetividade, já que nosso trançado parte do ponto de costura de quem foi transformada em objeto e, assim, inserida no teatro das representações do mundo ou do antimundo como não ser.

Dessa maneira, falo de um agenciamento no qual algo da nossa voz vibra e penetra no tecido social, tal como a voz de Maria-Nova, a personagem de Conceição Evaristo em *Becos da memória*: "[...] agora ela [Maria-Nova] já sabia qual seria a sua ferramenta, a escrita. Um dia ela haveria de narrar, de fazer soar, de soltar as vozes, os murmúrios, os silêncios, o

39 HOOKS, bell. *Erguer a voz: pensar como feminista, pensar como negra*. São Paulo: Elefante, 2019.

grito abafado que existia, que era de cada um e de todos nós. Maria-Nova um dia escreveria a fala de seu povo".[40] A própria Conceição Evaristo assinala que:

> E se ontem nem a voz pertencia às mulheres escravizadas, hoje a letra, a escrita, nos pertencem também. Pertencem, pois nos apropriamos desses signos gráficos, do valor da escrita, sem esquecer a pujança da oralidade de nossas e de nossos ancestrais. Potência de voz, de criação, de engenhosidade [...][41]

— • —

Maria-Nova, quando se instrumentaliza para escrever a língua do seu/nosso povo, nos leva a uma compreensão coletiva de que é fundamental para a construção de um novo tecido individual/subjetivo e de um novo manto para o mundo (o céu caiu, não podemos esquecer!) uma tarefa simultânea porque diz respeito tanto à reconfiguração do comum como a um empreendimento estético, entendendo esse comum como um espaço em que se percebe a divisão entre espaços, tempos e formas de atividade desempenhadas pelos sujeitos que possuem a capacidade de definir como tomam parte no processo de repartição do visível, do audível e do reconhecível, como insistem Beatriz Nascimento e Jacques Rancière. Para esse filósofo:

> [...] A partilha do sensível faz ver quem pode tomar parte no comum em função daquilo que faz, do tempo e do espaço em que essa atividade se exerce. Assim, ter esta ou aquela "ocupação" define competências ou incompetências para o comum. Define o fato de ser ou não visível num espaço comum, dotado de uma palavra comum etc.[42]

---

40 EVARISTO, Conceição. *Becos da memória*. Minas Gerais: Mazza Editora, 2006, p. 161.

41 Id., "Escrevivência como fenômeno diaspórico e universal". In: DUARTE, Constância Lima; NUNES, Isabella Rosado (orgs.). *Escrevivência: a escrita de nós: reflexões sobre a obra de Conceição Evaristo*. Rio de Janeiro: Mina Comunicação e Arte, 2020, p. 30.

42 RANCIÈRE, Jacques. *A partilha do sensível: Estética e política*. São Paulo: Editora 34, 2005, p. 16.

Conceber e incidir no comum, definir conjuntamente os destinos de uma coletividade, é tarefa atribuída aos imbuídos de poder, no masculino. Como permanecemos despossuídas de poder, mesmo alcançando emancipação e autonomia por meio do ritual de passagem garantido pela fala, o nosso ingresso nesse comum é imbuído de outro valor, muito distante do valor a nós atribuído no mercado da escravidão transatlântica.

Desse modo, esse empreendimento — de destecer o que nos tornaram (Jota Mombaça) — que envolve tarefas de ordem estética, política e ética, exige coragem, já que é preciso jogar uma luz crua nos questionamentos que se seguem: quem somos nós, sujeitas-mulheres negras, para ousar e decretar o *fim de um mundo* e apresentar um projeto de *outro mundo* no qual somos protagonistas? Reelaborando um enunciado classista e destituidor: quem a gente pensa que é?

Se fomos convertidas em lixo, em menos que nada, temos a prova documentada em nossos corpos e em outras materialidades da linguagem de que não desistimos de nos levantar dos aterros que tentaram nos soterrar (Elza Soares, presente!). Mais do que isso: soubemos produzir belos experimentos com valor incomensurável, tal como o zero fez com a matemática.

Contrariando o meme de que quem é das ciências humanas, como eu, não sabe fazer conta, essa conta sabemos. Na matemática, o zero não é nada, mas possui um valor algébrico imensurável com importância vital para auferir valor, o que parece ser paradoxo. Como a história narra, os romanos, gregos e hebraicos não conheciam o zero. Os chineses, por sua vez, quando queriam demonstrar a falta de valor, deixavam um espaço em branco. Os indianos empregavam a palavra *sunya* para designar o vazio numérico, e os árabes o termo *sifr*.

Pela ausência do zero, esses sistemas foram sendo considerados obsoletos em algumas culturas porque não conseguiam encetar cálculos, somente realizar contagem. Uma vez inserido no sistema numérico, o zero (o último número natural a ser criado) resolveu o problema da mecanização das operações numéricas e dos cálculos. Desse modo, pode-se dizer que o zero foi forjado não para marcar a inexistência de elementos num conjunto, mas para instaurar uma relação *posicional* de numeração, ou seja, o "valor zero" depende do contexto.

Não é à toa que a solução desse entrave monumental deu ao zero um estatuto grandioso, extraordinário, que mudou as formas de quantificação, uma mudança que equiparou a invenção desse número ao domínio do homem sobre o fogo e à invenção da roda.

No mercado colonial, pelo que se viu, funcionamos ao modo do zero (mas não do zero à esquerda, já que nessa posição o número não faz diferença), com grande valor para o cálculo da economia escravagista, exercendo uma posição que só se alterava no âmbito da tríade corpo-moeda, corpo-objeto, corpo-mercadoria, já que o estatuto do "escravo" era imutável.

Deserto do território da matemática e me transporto para a linguística, campo em que acredito ter um pouco mais de desenvoltura para esgrimir meus argumentos. Roman Jakobson, linguista russo que se notabilizou por estabelecer a análise estrutural da linguagem e criar uma teoria da comunicação, fixou suas lentes no estudo da fonologia, e nessa ramificação dos estudos da linguagem detectou situações linguísticas nas quais um fonema pode estar ausente, exibir o estatuto de zero (o fonema zero) e ainda assim desempenhar papel capital na estrutura da palavra ou da frase.

Esse papel capital fez com que Jakobson desdobrasse duas categorias fundamentais para a fonologia: a neutralização e a marcação. A primeira diz respeito à perda da distinção entre fonemas em determinadas posições, onde um fonema "zero" pode prevalecer no lugar de um fonema contrastante. Já a marcação designa a ideia de que um fonema pode ser considerado "marcado" (presente) ou "desmarcado" (ausente ou zero). Basicamente, o fonema marcado se diferencia do seu par não marcado (ausente, zero).

Em resumo, o fonema zero de Jakobson não expressa uma sonoridade física, mas designa uma abstração teórica que foi acionada para demonstrar como a língua funciona em termos de contrastes e oposições fonológicas. Jakobson labutou para que considerássemos a ausência de um elemento no sistema linguístico com significação e funcionalidade expressivas para a dinâmica da sonoridade das palavras.

Não é fortuito que o fonema zero de Jakobson tenha se tornado uma espécie de paradigma para as ciências da linguagem (além-mar da fonologia), para a antropologia, a psicanálise e a sociologia. É consabido que Claude Lévi-Strauss, Roland Barthes, Jacques Derrida e Ernesto Laclau seguiram o relator Jakobson sem pedirem vênia.

Lévi-Strauss, em introdução à obra clássica *Ensaio sobre a dádiva*, de Marcel Mauss, expande o significado do termo significante flutuante com base no fonema zero de Jakobson.

Jacques Derrida emprega o termo "jogo livre" dos significantes, argumentando que eles não obedecem a uma lógica da rigidez, da fixação aos significados que carregam, mas sem apontar para outros significantes.

No âmbito dessa questão, não podemos esquecer o duelo entre Lévi-Strauss e Jacques Derrida. É preciso que se alongue a perspectiva lévi-straussiana e a crítica dirigida a ela por Jacques Derrida porque tocam em questões fulcrais que forjam outro sistema de escritura, a exemplo da oralitura, nos moldes em que foi concebida por Leda Maria Martins, e nos faz compreender a magnitude dos enunciados de Lélia Gonzalez, que instauram o pretuguês e o dicionário dele decorrente.

Jacques Derrida dispara o aguilhão da crítica contra o empreendimento de Lévi-Strauss, pois, para o principal representante do desconstrucionismo, ao operar dessa maneira, o antropólogo estaria rebaixando o sistema de escritura, uma vez que toma a escrita como um elemento da "civilização" que degrada as culturas "mais puras".

Sem rodeios, Derrida achaca a suma referência da antropologia estrutural por perpetuar o etnocentrismo que ele tanto quis combater, porque não consegue se desprender das bases do pensamento filosófico de Platão a Aristóteles, assentadas no fonologocentrismo. Na metafísica, continua o pensador argelino, o pensamento se constrói por meio do euro-falo-logocêntrico, uma metafísica da presença que edificou o império da mitologia branca, erigida no império da razão que certificou as oposições binárias (fala/escrita; natureza/cultura).

Devo declarar que nesse e em outros expedientes estou com Jacques Derrida (inimigo do inimigo é amigo), um teórico que se notabilizou como uma figura estranha, "diferentona", maldita, porque ousou desafiar a lógica do pensamento ocidental (precisamos ouvir o que as figuras malditas do ocidente disseram, porque construíram uma espécie de maldição forjada no interior do próprio sistema, o que nos presta serviço para ampliar a nossa caixa de ferramentas para o desmonte do mundo que se despedaçou). Ainda que tenha privilegiado a escrita, deve-se reconhecer o papel importante de Derrida para diluir a hierarquia das oposições binárias e fragilizar o *logos* que tomou a voz como sentido originário da verdade.

De modo semelhante ao de Lévi-Strauss, Roland Barthes, no rastro do fonema zero, alude a uma "cadeia flutuante de significados", que desliza infinitamente na cadeia circular dos discursos. Ernesto Laclau, em *Emancipação e diferença*, mergulha o significante vazio no contexto das interações sociais. Para Laclau, o significante vazio "é, no sentido estrito do termo, um significante sem significado. [...] Afinal, como é possível estabelecer que um significante que não esteja ligado a nenhum significado continue sendo, apesar disso, parte integral de um sistema de significação?".[43]

De acordo com o autor, demandas não satisfeitas produzem uma totalidade não realizada, o que permite que um significante subordine os demais e se coloque no lugar vicário de representação por meio de um processo hegemônico.

43 LACLAU, Ernesto. *Emancipação e diferença*. Rio de Janeiro: EdUERJ, 2011, p. 65.

É por essa razão que venho defendendo que *representar* significa apresentar o que é hegemônico inserido numa rubrica já posta, é um trabalho devotado em apresentar a boa rotina do mundo, como se ela não pudesse ser encenada de outra maneira.

No texto "Raça, o significante flutuante", Stuart Hall, pensador britânico-jamaicano que se projetou no campo dos estudos culturais, defende que raça é um significante deslizante porque só ganha sentido num veio sócio-histórico ou cultural, ecoando Anthony Appiah, para quem "é hora do conceito biológico de raça ser afundado sem deixar rastro". No mesmo diapasão dos pensadores acima arrolados, Hall, como se sabe, vai insistir na impossibilidade da fixação de um significante *ad infinitum* ou trans-historicamente, porque sempre há um *deslizamento* ou mesmo um *deslocamento*, uma borda não capturada pela linguagem e pelo sentido.

Além de W. E. B. Du Bois, com *As almas da gente negra* e "A conservação das raças", Stuart Hall convoca Fanon com quem estabelece uma interlocução crítica, opondo à ideia fanoniana de inscrição da diferença racial na pele do corpo a de significante flutuante. Fanon diz "não sou escravo da 'ideia' que os outros fazem de mim, mas da minha aparição", Hall replica: essencialmente, não há fixação porque falar de raça é falar de um regime discursivo que opera, por definição, escorregando na cadeia circulante das palavras que atribuem significado à textura do mundo vivido. Esses significados e sentidos variam ao longo do tempo e do espaço.

Entre fixação e flutuação, de que lado ficar?

O desvio relativamente longo entre posições convergentes e divergentes no que diz respeito ao engessamento e fluidez da nossa presença no mundo presta-se aqui para nos reendereçar à posição do zero, pois se trata de examinar o valor de quem foi desvalorizado numa plataforma com liames estreitos de sentidos e significação.

Se Stuart Hall não pendulou seus argumentos para um relativismo cínico, deve-se, porém, admitir que a proposição do autor deixa largas brechas para se pensar em deslizamento e deslocamento como se fosse possível um trânsito sobre diversas fronteiras. Afirmar que o racismo é fato discursivo não anula a proposição de Fanon, pois se os significados e os sentidos que foram estocados sobre corporeidades negras são flutuantes, tal flutuação se dá num campo de atração previamente delimitado que sempre puxa os significantes para o *locus* do regressivo e da desqualificação, tornado possível por uma realidade concreta, que se pretende inarredável: a raça como tecnologia de rebaixamento e morte desde que foi nexo exclusivo para a escravidão transatlântica, o único tipo de escravidão que se estruturou dessa maneira. O polo de atração do poder da raça é inversamente proporcional ao de Newton.

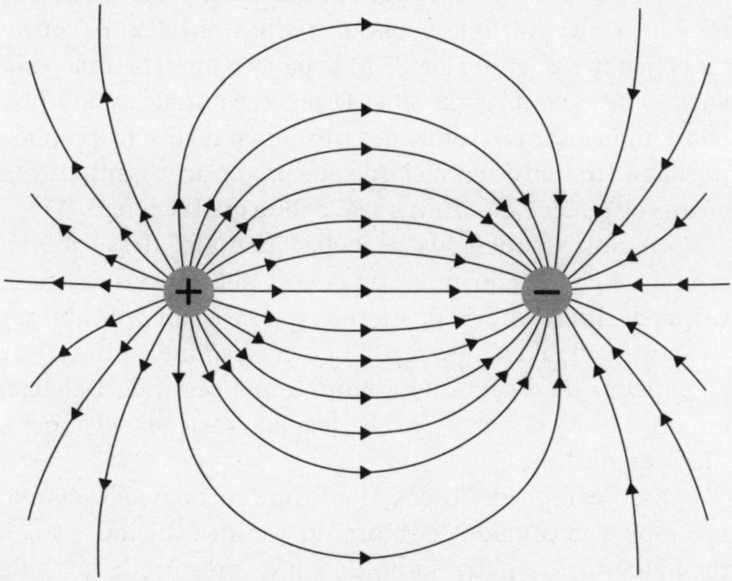

Polo de atração newtoniano. Fonte: Google Fotos

São necessários, assim, movimentos antecedentes, dos quais Stuart Hall se ocupa pouco, para escapar do poder de atração daquele campo. Como estamos acompanhando,

Lélia Gonzalez, bell hooks, Carolina Maria de Jesus, Rosana Paulino e tantas outras referências se empenharam em encetar tais movimentos, tomando-os prioritariamente como gesto político, independentemente do lugar de onde elas se moveram, perturbando o lastro da realidade.

Além de 1) "o lixo vai falar e numa boa", Gonzalez assevera: 2) "Negro tem que ter nome e sobrenome, senão os brancos arranjam um apelido... ao gosto deles", o que demonstra que a flutuação não obedece aos movimentos de uma pluma, que por ser tão leve pode cair em qualquer lugar, só dependendo da direção dos ventos para isso.

A nossa circulação no campo dos significantes, que atribui reconhecimento diferenciado às/aos participantes da comunidade humana global, demanda por esse gesto de rebeldia, reclama por um lugar para acolher outros discursos que rompam com os atributos aos quais Lélia Gonzalez nos convoca a rejeitar e a denunciar. Se toda palavra encerra uma *palavra de ordem*, no dizer de Gilles Deleuze, é porque esta última não compreende tão somente a um comando direto e explícito, mas a um tipo de enunciação que produz incessantemente efeitos de poder e modifica a realidade a qual se refere.

Os dois enunciados de Lélia apontam, desse modo, para um nível insuprimível do debate que concerne à instituição de um território de morada que seja capaz de abrigar os significados emergentes, o que corresponde a desativar as *palavras de ordem* que atuam, ainda segundo Deleuze, em um campo de forças, estabelecendo relações de poder e hierarquias.

Esse campo de forças, conforme mencionado acima, nos repele da camada de valoração que alça sujeitas e sujeitos herdeiros do patrimônio da cor (expressão da lavra de Muniz Sodré) para territórios abertos, sem fronteiras, que podem, efetiva e concretamente, ser tudo o que quiserem, sedimentando, assim, os alicerces da branquitude. Ouvindo as palavras cortantes de Lélia que não encontram descanso na comodidade reflexiva e prática, podemos reafirmar que é preciso ser alguma coisa para ser nada, uma forma de zero posicional que não se presta mais para o cálculo do acúmulo escravagista-capitalista, para aquilo que se reitera no palimpsesto do contemporâneo, mas procura estabelecer novas equações dinamizadas por outros elementos.

A piada judaica sobre um grupo de judeus que admite publicamente, em uma sinagoga, sua nulidade aos olhos de Deus, tem algo a nos indicar sobre o nada e o menos que nada, sobre o zero que, a depender da posição, pode ser alguma coisa. Já que quem conta um conto aumenta o ponto, vamos expandi-lo:

> Primeiro, um rabino se levanta e diz: "Ó Deus, sei que sou inútil, não sou nada!". Quando o rabino termina, um rico comerciante se levanta e, batendo no peito, diz: "Ó Deus, também sou inútil, obcecado pela riqueza material, não sou nada!". Depois desse espetáculo, um pobre judeu do povo também se levanta e proclama: "Ó Deus, não sou nada...". O rico comerciante cutuca o rabino e sussurra no ouvido dele, com desdém: "Que insolência! Quem é esse sujeito que ousa afirmar que também não é nada?!".[44]

O judeu simples, o homem do povo, era um zero à esquerda; na escala decimal não podia ser multiplicado por 10 e por isso foi facilmente detectado como alguém indigno de estar à altura daqueles que, mesmo não sendo nada, tinham um papel de distinção auferida pelo zero.

De que nos fala Sueli Carneiro, quando principia sua tese de doutorado com um libelo franco, reatualizado os sintagmas de Lélia Gonzalez, sem confundir *escrita de si* com *escrita sobre si*, o que se tornou commodity para a indústria editorial e para os ouvidos de uma suposta consciência antirracista branca que ecoam as vozes da empresa neoliberal?

---

44 ZIZEK, Slavoj. *Menos que nada: Hegel e a sombra do materialismo dialético*. São Paulo: Boitempo, 2013, p. 14.

> Falarei do lugar da escrava. Do lugar dos excluídos da res(pública). Daqueles que na condição de não cidadãos estavam destituídos do direito à educação e, em sendo esta, segundo Adorno, a possibilidade de "produção de uma consciência verdadeira", falo também como alguém portador de uma "consciência infeliz" ou de uma falsa consciência.
>
> Dirijo-me a ti Eu hegemônico, falando do lugar do "paradigma do Outro", consciente de que é nele que estou inscrita e que "graças" a ele em relação a mim expectativas se criaram, que, mesmo tentando negá-las, elas podem se realizar posto que me encontro condicionada por uma "unidade histórica e pedagogicamente anterior" da qual eu seria uma aplicação.[45]

E Judith Butler, quando faz referência aos corpos que importam, nos levando a pensar na hegemonia heterossexual na criação de matérias sexuais e políticas? Ou ainda de que nos fala Paul B. Preciado, em *Eu sou o monstro que vos fala*, quando diz "apelo com todos os meus desejos por uma mutação da psicanálise, pelo surgimento de uma psicanálise mutante, no auge da mudança de paradigma que estamos vivenciando",[46] porque para ele a prática psicanalítica continua examinando corpos trans na posição do monstro?

O processo de trucidação que nos valorou apenas na lógica do sistema colonial-escravagista por se pretender totalizante nos drenou indefinidamente e, de tanta falta, inoculou a ideia segundo a qual podíamos ser tudo, menos gente. Essa operação açambarcante teve como contrapartida, como sabido, a nossa rebeldia, insurgência, inadequação, palavras-valise que se converteram em moeda circulante na diáspora negra e nos impulsionaram, tal como

45 Apresentação da tese de doutorado de Sueli Carneiro, *A construção do outro como não ser como fundamento do ser*, na Faculdade de Educação da Universidade de São Paulo, em 2005. Em 2023, a tese foi convertida em livro, *Dispositivo de racialidade: A construção do outro como não ser como fundamento do ser*, publicado pela Editora Zahar.

46 PRECIADO, Paul B. *Eu sou o monstro que vos fala: relatório para uma academia de psicanalistas*. Rio de Janeiro: Zahar, 2022.

uma alavanca, para um lugar no qual podemos ser mais que isso, onde podemos ser sujeitas, proprietárias da nossa trajetória e senhoras do nosso destino. A ilustração da alavanca será aqui utilizada como método para o exercício de deslocamentos discursivos.

Assim como Lélia, ao dizer que fala do lugar de escrava, Sueli Carneiro também opera um deslocamento radical porque ousa falar sobre os processos de aniquilamento dirigidos impiedosamente contra nossas existências, mas que, apesar deles, reagimos e conseguimos percorrer outras vias abertas no coração das grandes avenidas da exclusão. A propósito, a tese de Sueli se constitui como uma ferramenta poderosa de reação, um caminhão-tanque que incendeia as labaredas da destituição, um dos vértices de suas múltiplas formas de atuar enquanto pensadora e ativista.

"Agora o lixo vai falar e numa boa" não é sintagma que se move no campo da constatação ou da capitulação, mas um enunciado que flagra a busca de abrigo em outro lugar, aterrado no território da restituição que, por óbvio, não é mais a lata do lixo (lugar onde o afropessimismo considera que ficamos presas indefinidamente). Lélia nos oferece estacas de sustentação, como quem joga âncoras no mar (pode-se até cogitar que as âncoras podem ter sido jogadas no fundo do Atlântico), para não permanecermos como um significante flutuante, à espera da nomeação que já se mostra negativada, um fonema zero ombreado ao judeu simples, servindo de referência incessante para o repositório capitalista-racista-sexista.

Uma vez somados "Agora o lixo vai falar e numa boa" + "Negro tem que ter nome e sobrenome, senão os brancos arranjam um apelido... ao gosto deles", os dois enunciados funcionam como elementos de um teorema, o teorema de Lélia Gonzalez, que recobre o extenso arco da linguagem como morada e, por meio desse postulado, pontilha outras áreas do pensamento e da ação, nos oferecendo um arcabouço que é, a um só tempo, gnosiológico, axiológico, ético, estético, ou seja, indicia o político em sua dimensão profundamente prática.

Em sendo teorema, tem a força de demonstrar os modos de expressão do racismo e do sexismo por meio de um processo lógico (quem foi triplamente destituída não pode nunca chegar a ser nada) e a proposição radical de outro diagrama em que podemos esquematizar nossos anseios e feitos, sem enrijecê-lo no espartilho da normativa ocidental. A topológica de Lélia é, num só fôlego, da ordem da instauração/instituição e da fundamentação/assentamento.

4 Ainda assim, eu me levanto: instituir e fundamentar/assentar outro mundo a partir da colheita dos jardins de nossas mães

Você pode me riscar da História
Com mentiras lançadas ao ar.
Pode me jogar contra o chão de terra,
Mas ainda assim, como a poeira, eu vou me levantar. [...]

[...] *Como a esperança emergindo na desgraça,*
Assim eu vou me levantar. [...]

Deixando para trás noites de terror e atrocidade
Eu me levanto
Em direção a um novo dia de intensa claridade
Eu me levanto
Trazendo comigo o dom de meus antepassados,
Eu carrego o sonho e a esperança do homem escravizado.

E assim, eu me levanto
Eu me levanto
Eu me levanto.

Maya Angelou, "Ainda assim eu me levanto"

Quem joga água no caminho anda em areia macia.

Provérbio africano

Sim, nos levantamos quando tudo se mostrava improvável e impossível, é preciso reiterar tal qual grilo falante. Fizemos da nossa aparente nudez a roupa com a qual a gente se vestiu, juntando os retalhos de nossa história pregressa para tecer e bordar o novo manto do mundo e tornar possível a reminiscência do que resistiu como altivez, já que tentaram nos despir da nossa civilização e cultura.

Retomando com as minhas discordâncias parciais com o postulado fulcral do afropessimismo, não estacionamos no lugar do rebaixamento, não ficamos na dura constatação de que fomos convertidas em escória, mas procuramos nos movimentar em várias frentes que nos reposicionaram; o nada em que a escravidão e o racismo nos converteram só tem sentido se tomado em sua natureza posicional, pois fizemos desse nada quase tudo.

Trouxemos conosco o dom das(os) nossas(os) antepassadas(os), como frisa Maya Angelou no poema-testamento utilizado acima como epígrafe, e, na bagagem, todas as ferramentas necessárias para a (re)tessitura da nossa pele, num processo permanente de cura, ou de autorrecuperação, como prefere bell hooks.

Não é por acaso que as imagens do *patchwork*, do fuxico e do bordado são acionadas frequentemente enquanto tecnologias ancestrais por pensadoras e ativistas como bell hooks e outras mulheres negras que nos fizeram destecer o que nos tornaram (Jota Mombaça sempre presente!). "Tecer colchas de retalhos, assim como outras artes feitas com agulhas, era muitas vezes um veículo para expressar não apenas a energia criativa, mas também para liberar as frustrações reprimidas de uma mulher."[47]

Não é à toa que este livro é tecido pelos fios de costura, um legado valioso da minha mãe, Alda Patrocinia da Silva Borges, e de toda a minha linhagem (tias e primas) para dar sustentação ao fio condutor dos capítulos. Esse destecer é um processo de *restituir-instituir* aquilo que foi destituído, perfazendo os caminhos de uma filosofia da existência, das estéticas e poéticas, assentadas nas múltiplas histórias das

47 Trecho citado por bell hooks em *Anseios: raça, gênero e políticas culturais*. São Paulo: Elefante, 2019, p. 235.

vidas negras que produziram um acervo gigantesco para o tear da soberania.

Se Lélia nos lega uma topologia, é preciso exercer a expertise de agrimensora para medir e demarcar os espaços em que é possível a construção de tecelagens que sejam capazes de produzir uma costura em que possamos alinhavar nossas ideias e projetos, ou seja, em que possamos coser provisoriamente com pontos largos o que depois será cosido com ponto miúdo e definitivo, para que não nos deem qualquer nomeação rebaixada (repetimos, ecoando Lélia: pessoas negras têm de ter NOME e SOBRENOME). Apontoar nosso tecido significa amarrar os elementos da linguagem, conferindo-lhes significados, no plural, transformadores e emancipatórios.

É preciso, desse modo, convocar de maneira ainda mais explícita o trabalho artístico das mulheres negras, no sentido estrito. Rosana Paulino é o abre-alas nesse território, os fios da política e da estética. Na exposição "A costura da memória", a artista enreda os elementos da linguagem no nosso corpo, nele inscrevendo outro sistema de escritura que acena gentilmente para a memória que restitui a nossa humanidade.

Não foi por acaso que o ponto de capitonê, ou ponto de basta, muito utilizado em sofás e almofadas, despertou interesse para a psicanálise, nomeadamente para o pensamento de Jacques Lacan, que fez desse ponto de costura um modo de designar a fixação na cadeia significante, que estabiliza o sentido e impede que ele flua indefinidamente.

Ora, se tal movimentação enseja uma operação estética, é porque ela envolve modos de *instaurar* e *fundamentar*, empreendimento que circunscreve Lélia Gonzalez no lugar da instituição e dos fundamentos. Mas, afinal, o que é *instaurar* e *instituir* no âmbito deste livro e da práxis das mulheres negras na diáspora?

Instaurar e *instituir* são verbos que estão relacionados ao início ou à criação de algo, embora cada um dos termos tenha suas próprias nuances. Instaurar está mais próximo da emergência de algo que não existia antes. Já instituir avizinha-se ao sentido de estabelecer, criar ou fundar algo de forma duradoura, como uma lei ou instituição.

Evoco aqui duas figuras que se debruçaram diuturnamente sobre esse tópico que se desenrola quase sempre sob a forma de uma dobradinha. Herdeiro direto de Étienne Souriau,[48] David Lapoujade advoga que a instauração engloba *o que* e *como* simultaneamente no mesmo golpe, ou seja, para além de fazer existir algo, procura examinar como esse algo "se torna" existente em um determinado modo, e como esse processo difere entre os diferentes modos.

Indo na contramão de uma visão tradicional que consegue avistar uma única forma de existência, Lapoujade pensa a instauração como um gesto pelo qual se quer afirmar um direito de existir, visto que é "a operação pela qual uma existência ganha em "formalidade" ou em solidez",[49] o que significa fixar a existência de um ser".

Sob esse ponto de vista, na trilha de Etienne Souriau, Lapoujade vai dizer que se trata menos de um ato de criação do que de instauração, já que todas as condições materiais e causais já estavam ali. Só a forma é nova, a questão é como se constitui uma nova forma por meio de um novo tipo de narrativa.

Nas múltiplas dobras que vincam a questão, se faz mister render atenção à radicalidade de Lapoujade: como as condições materiais e causais já estavam ali (e aqui), não se trata exatamente de um processo de criação, mas de instauração, o que encontra eco no que venho defendendo ao longo do livro: a emergência de outro mundo não significa tecê-lo numa tela em branco, a não ser que essa tela guarde alguma semelhança com o papel em branco do poema de Mallarmé, "Um lance de dados jamais abolirá o acaso", onde esse vazio desempenha papel importante para a composição poética, impondo-se como um elemento ativo que interage com o texto e a escrita. Mallarmé questiona a relação entre o texto e o espaço,

48 SOURIAU, Étienne. *Diferentes modos de existência*. São Paulo: N-1 edições, 2021.
49 LAPOUJADE, David. *As existências mínimas*. São Paulo: N-1 edições, 2017, p. 81.

explorando o valor do branco na página como um componente que define o sentido e a experiência da leitura.

O vazio mallarmeliano não é um vazio em que a forma permanece inerte, como um continente à espera de um conteúdo. É digno de nota que essa tendência impregnou o neorrealismo que propugnava a prevalência do conteúdo (mensagem política) sobre a forma (a qualidade estética). Tal oposição tem como suposto o entendimento de que a forma seria a expressão externa do conteúdo da obra. Esse é o fundamento que medula a concepção retórica do texto: as ideias (*res*) seriam representadas pelas palavras (*verba*), segundo a extração platônica e neoplatônica. O conteúdo se firmaria, desse modo, autônomo em relação à forma, responsável por transmiti-lo com eloquência. Instala-se aí uma versão arcaica da representação, da qual estabeleço distâncias telescópicas.[50]

Se ao fim das contas o embate entre instauração e criação coloca a primeira em posição de vantagem é porque temos um mundo à espera de nossa validação para poder existir como tal, o que demanda um conjunto de tarefas que se realizam de forma encadeada.

Na senda da relação entre precussora-sucessora, estabelece-se uma estreita solidariedade, pois a primeira só pode ser assim chamada quando sua obra ganha nova forma na sucessora que instaura algo a partir do que herdou da precursora. O que fizeste com a palavra que a ti foi dada? Eis uma pergunta que flagra a dinâmica desse circuito entre as subalternizadas.

Uma observação reclama por destaque: aqui, o uso reiterado do termo "gesto" quer marcar a diferença em relação à palavra "ato". O gesto estabelece divisores de água, estabelece marcadores que reposicionam, porque modificam profunda e estruturalmente. O gesto é o dínamo da instauração, que precisa de um fundamento que lhe dê suporte.

Debater-se contra a *arché, a ordem e a forma* exige a rearticulação de discursos fundantes para a emergência daquilo que

50 BORGES, Rosane. *Ficção e realidade: as tramas da produção televisiva*. Tese de Doutorado, Escola de Comunicações e Artes da Universidade de São Paulo, São Paulo, 2009.

foi descartado na lata do lixo. Dizer fundante não é dizer originário, pois se ouvirmos o ditado africano "para quem procura bem há sempre um novo começo", é difícil, senão impossível, proclamar a origem das coisas na perspectiva do grau zero.

Designo discurso fundante como um gesto a partir do qual as coisas se movem e se modificam com capacidade de se tornarem matrizes, ou seja, um discurso fundante possui a força de ser replicado como experiência modelar que atravessa o tempo na conta longa (recorro novamente à expressão maia). Para tanto, é necessário fundamento/assentamento. O professor Rafael Haddock-Lobo prefere a expressão "assentamento" a "fundamento".

A fundamentação é responsável, no léxico de Lapoujade, "por reconduzir todos os seres para uma fonte preexistente, doadora de verdade ou de inteligibilidade, assim como o sol é fonte de luz. [...] Ter fundamento é submeter seu pensamento, seu julgamento, seus enunciados à forma do verdadeiro ou do inteligível. [...] O fundamento não é apenas fonte de verdade ou de inteligibilidade, ele também é fonte de legitimidade".[51]

Para a colonização, a escravidão e o racismo — tríade que permanece riscando céus e terras do planeta —, o inteligível sobre nós, pessoas negras, já está tão calcificado que o racismo da surpresa (aquele que se entusiasma com a nossa presença em lugares dignos, ou seja, nos lugares da branquitude) revela como se estabelecem os processos de codificação-decodificação que dinamizam o sentido sobre histórias negras.

Recorrendo mais uma vez ao dicionário, veremos que *legitimar* significa tornar legítimo, validar, legalizar ou reconhecer algo como autêntico, genuíno e aceitável.

Como tornar aceitável que nós mulheres possamos ser Maria-Nova, de *Becos da memória*? Como tornar legítimo o nosso ingresso na academia de forma insurgente (que ingratidão!) e proferir desaforos desconcertantes, porque

51 LAPOUJADE, David, op. cit., pp. 87-88.

verdadeiros, tal como fez Sueli Carneiro? Como validar a ideia de que precisamos ter nome e sobrenome e, assim, nos apresentar no palco da vida? Como atestar a autenticidade das manifestações culturais brasileiras tecidas no tear afro-brasileiro desviando-as do epíteto cultura popular? Como tornar legítimas as nossas propostas para a construção de outro projeto de país? Como validar a ideia de Beatriz Nascimento de que podemos agenciar, pelas imagens, outro sistema de representação e regime de visibilidade? Como aceitar que este país tem que ser presidido por quem já passou fome, como bradava Carolina Maria de Jesus?

Inescapável nesse quesito é o paralelo que Giorgio Agamben faz entre legitimidade e legalidade. Para o filósofo italiano, a primeira se refere às artimanhas do poder em ser reconhecido e aceito como válido por aqueles sobre quem exerce influência. Já a segunda diz respeito a um termo perigoso que fulmina a legitimidade no plano do direito institucionalmente estabelecido. A legalidade quase sempre é acionada para justificar ações que, efetivamente, a violam. A crise política, para Agamben, reside no fato de o poder tentar fazer coincidir legitimidade com legalidade (a escravidão transatlântica foi resultado dessa operação criminosa).

Se fundamentação supõe legitimidade para ser validada, buscamos fundamentos/assentamento nos nossos gestos instauradores/instituidores, auscultando experiências que na verdade são os dons que os nossos ancestrais nos deixaram, repetindo Maya Angelou. Às vezes, temos muito pouco, já que a empresa colonial drenou muita coisa do nosso patrimônio. Com muito pouco, Buchi Emecheta escreveu histórias pessoais e coletivas das mulheres negras nigerianas e africanas. Com muito pouco imaginou e realizou o impossível.[52]

Destituída de poder, Octavia Butler empreendeu mais uma quizumba e ousou escrever sobre ficção científica, gênero

52 Buchi Emecheta nasceu em 1944 na cidade de Lagos, na Nigéria. Uma das paixões de Emecheta era ouvir histórias dos mais velhos. Em Lagos, conheceu bons contadores, mas, para a cultura igbo, tinha algo especial. Buchi Emecheta se tornou uma grande contadora de histórias, com vários livros publicados em todo o mundo.

que a consagrou mundialmente: "Comecei a escrever sobre poder porque era algo que eu tinha muito pouco",[53] declarou a escritora afro-americana que alimentava a certeza de que ao colocar palavras no papel e na tela exercia o que não tinha (poder) e criava mundos e futuros possíveis nos quais vozes desempoderadas pudessem ser ouvidas, legitimadas e reconhecidas. Parafraseando Carlos Drummond de Andrade, em "Consolo na praia": "Não possuis carro, navio, terra. Mas tens um cão", insisto que não possuímos poder, riqueza material, mas temos o elo que foi encadeado pela ancestralidade na "praia" do Atlântico.

Alice Walker faz um belo inventário desse empreendimento no livro *Em busca dos jardins de nossas mães*, vaticinando que uma vida não se faz sem modelos, nem antecedências que fazem eco no presente. A autora de *A cor púrpura* nos envolve em uma narrativa que talha existências deslegitimadas na pedra angular do teatro da vida e as coloca no centro do palco. Comovida pela história de Vincent van Gogh (sua escrita visceralmente emocionada também me arrastou para o território da compaixão em relação ao pintor holandês), Walker tenta dimensionar o que significa para um artista se sentir despido de modelos — ausência que ela amplia para outros departamentos da vida individual e coletiva:

> A ausência de modelos, na literatura e na vida, sem falar na pintura, é um risco ocupacional para o artista pelo simples fato de que os modelos na arte, no comportamento, no desenvolvimento do espírito e do intelecto — mesmo se rejeitados — enriquecem e ampliam a visão que uma pessoa tem da existência. [...].
>
> O indispensável na apreciação da arte, ou da vida, é uma perspectiva mais ampla. Novas conexões, ou pelo menos a busca delas, onde antes não havia nenhuma; o esforço para, com um único olhar sobre um mundo tão variado, abarcar o

53 BUTLER, Octavia. *Kindred: laços de sangue*. São Paulo: Morro Branco, 2023.

fio condutor, o tema em comum em meio à imensa diversidade; um destemor de crescer, de buscar e de investigar que expanda os mundos privado e público. E, no entanto, no caso específico de nossa sociedade, o que prevalece é a visão estreita e cada vez mais afunilada da vida.[54]

A fortiori, essa visão afunilada da vida tornou-se a norma em tempos de neoliberalismo desbragado, onde as formas de existência são roteirizadas para corresponder às expectativas de um capitalismo que avançou sobre nossas subjetividades de modo que colonizou tudo. Marilena Chaui chama a atenção para um traço dos nossos dias: o neoliberalismo é totalitário porque toma todas as formas de existência de forma indiferenciada, como uma unidade administrável, onde tudo é visto como empresa.

Dessa maneira, a tarefa de esculpir novas formas de existência mostra-se como um imperativo ético e uma urgência política, dos quais temos exercido protagonismo inequívoco. Uma vez que o capitalismo coloniza tudo, só não aquilo que temos de mais estranho, como anunciou Walter Benjamin, a estranheza das mulheres negras é um ativo importante na ofensiva contra a padronização e o achatamento tão celebradas nas redes sociais.

No *Em busca dos jardins das nossas mães* é uma celebração, mas também um reconhecimento dilacerante do quanto a empresa colonial procurou asfixiar os nossos fundamentos. Flagra este protagonismo em mulheres como Zora Neale Hurston e na própria Alice Walker. Escavando de um solo fértil as pétalas de vozes que povoaram nossos jardins, aquilo que quiseram ver caído no alçapão da história, Alice Walker generosamente vai nos oferecendo mundos possíveis para plantar nos territórios da diáspora negra. (Um mundo que a filha Rebecca redefiniu como um universo possível quando ela via apenas uma cicatriz.)

---

54 WALKER, Alice. *Em busca dos jardins de nossas mães*. Rio de Janeiro: Bazar do Tempo, 2021, p. 12.

Ao ler Alice Walker reafirmamos que os jardins das nossas mães são ubíquos, estão em todos os lugares, inclusive nos nossos quintais, praças, nos terreiros, ruas. Os jardins de nossas mães estão na festa do Divino Espírito Santo, no Bumba meu Boi, no bloco Akomabu (ambos no Maranhão), estão no Marabaixo, no Amapá (onde a Amazônia negra floresceu), estão nas Congadas e nos Reisados, nos blocos afro como Ilê Aiyê, nas rodas e escolas de samba, no tambor de crioula. Como imaginar um mundo que colhe os elementos das estéticas e culturas negras para adubar outros territórios? Como dar visibilidade a esses métodos? Imaginar o que "ainda" não existe implica atuar sobre o que já existe mas não foi validado, porque a forma de existência de mão única bloqueia sua passagem.

Páginas à frente, sustentarei que tais lugares dignos só são possíveis quando há deslocamentos dos significantes, que dependem de novas ordens de instauração/legitimação. E os significantes só se deslocam quando a ordem do imaginário já fez esse movimento previamente. Como deslocar imaginários?

Alinhavando questões disparadoras

- Qual sua posição em relação ao colapso do mundo? Como você avalia questões como emergência climática, feminicídio, violência obstétrica, racismo policial?
- Quais as manifestações culturais negras que mais mobilizam você?
- Como você avalia as estéticas negras e indígenas?
- Como Lélia Gonzalez, Elza Soares ou suas outras referências promovem a instituição e a fundamentação?

PARTE II

DAS INCIDÊNCIAS DO IMAGINÁRIO: O PASSADO QUE NOS GOVERNA, SUJEITO A NOVAS RACIONALIDADES

1 Imaginação e imaginário: a dobradinha inseparável

Como se sabe, Denise Ferreira da Silva costurou seus tecidos — conceitual, artístico e político — afastando-se do arcabouço eurocidental, uma vez que eles contêm inapelavelmente os elementos que marcam a diferença cultural e racial, subjugando os terrivelmente outros do mundo, todos aqueles que sofrem processo de destituição por carregarem identidades que são rebaixadas. A autora cunhou a expressão "dialética racial moderna" empenhada em comprovar a existência de um sistema onto-epistemológico que produz e naturaliza a violência racial nas fronteiras da modernidade. A práxis de Denise é dedicada a abdicar da modernidade, exortando-nos a fazer o mesmo, já que os pilares conceituais de universalidade e historicidade edificaram uma noção de sujeito racializado concebido como "outro", expelido da razão e da história, o que justificou sua exploração e sua marginalização no âmbito da ciência, da ética e da justiça.

Dessa forma, a autora é uma das principais representantes do movimento que gesta o impossível na paisagem teórica e da intervenção social, assumindo uma postura insólita, transitando em territórios inexistentes que só ganham materialidade quando decidimos imaginar. Se, como insistia Octavio Paz, diante dos erros e equívocos da história, a imaginação e a poesia podem figurar como ensaios de novas formas de ser, precisamos criar oficinas imaginativas. Denise é taxativa: não nos faltam conceitos, mas imaginação; somos sovinas em examinar e prover a vida coletiva com insights imaginativos e, a partir deles, ensaiar movimentos de deserção. Se os paradigmas modernos de pensamento, especialmente aqueles fundados na racionalidade eurocentrada, nos limites do sujeito liberal e nas formas de poder racializado foram (e continuam sendo) os esteios da colonialidade e do racismo, urge extrair os elementos de uma imaginação política renovada em que tais paradigmas não encontrem brecha sequer para sua manifestação nefasta.

Tornou-se premente destravar, manter e aprofundar os gestos insurgentes que abrem veredas para o desfile daquela imaginação. Uma advertência se apressa: tais gestos não podem ser vistos como ação ingênua que tenta mudar o mundo por meio de projeções ilusórias, mas devem ser concebidos e analisados como uma plataforma espessa apta a abolir as fundações violentas que dinamizam a cena do mundo, propondo outras formas de habitar o planeta — formas em que o ser não seja fruto da *separação*, do *cálculo* ou da *dominação*.

Essas palavras, que se unem tal como vagões de um trem, vão na jugular da modernidade: a *separação* impôs distâncias telescópicas entre sujeito e objeto, o que autorizou e justificou a dominação e a exploração por meio da marcação de quem tem poder (o sujeito) e de quem é dele destituído (o objeto). A racialidade é o desdobramento direto e brutal dessa separação: a divisão racial, estruturada por meio de hierarquias e desigualdades profundas, faz da *dominação* um evento perene que se estende aos quatro cantos do planeta.

O filósofo e ativista Franco "Bifo" Berardi afirma peremptoriamente que em Gaza está acontecendo o primeiro ato de uma guerra mundial que o supremacismo branco em declínio desencadeou contra a humanidade.[1] É necessário, no entanto, discordar pontualmente de Berardi e relembrar que não se trata do primeiro ato de uma guerra mundial, mas do *continuum* do exercício de dominação, subjugação e extermínio que tem na escravidão transatlântica uma matriz que se replica na Faixa de Gaza, como lembrou Achille Mbembe.

Na dialética racial moderna, a dominação colonial contraiu uma dívida impagável, porque um *déficit* permanente recai sobre as populações não brancas decorrente da espoliação

1 BERARDI, Franco. *Pensar após Gaza: ensaio sobre a ferocidade e o fim do mundo*. São Paulo: N-1 edições, 2025.

do poder colonial. Essa carga pesada sobre nossos corpos até os dias de hoje, em que o neoliberalismo reedita a constituição escravagista por meio da subtração quase total dos direitos, leva Denise a juntar os fios da temporalidade parasitária.

Quando examina a crise econômica global de 2007-8, em que a falta de capital próprio forçou as pessoas, em sua maioria não brancas (negras e latinas), a tomar empréstimos com taxas de juros estratosféricas nos Estados Unidos, Denise Ferreira demonstra que nesse contexto de crise as ferramentas da racialidade foram utilizadas de forma perversa sem provocarem uma crise ético-jurídica (essas pessoas foram, inclusive, consideradas culpadas pelo colapso da economia global). Em outros termos, "a dialética racial cumpre o papel de tornar a subjugação racial alheia aos funcionamentos e estruturações da arquitetura política liberal".[2] No rastro da pensadora, podemos afirmar que o cálculo econômico da escravidão colonial não expira e permanece como fonte inesgotável de onde se extraem os elementos para que as cenas de sujeição acionem a antiga condição da pessoa cativa (mortes reais das mulheres e da juventude negras e empréstimos subprime são elementos de uma mesma equação).

Esse fenômeno evidencia conexões visíveis e ocultas entre o passado e o presente, ou seja, demonstra como a destituição colonial e escravagista se aninha no capitalismo contemporâneo. A ilustração escolhida pela filosofia é a vida de Dana, a personagem principal do romance *Kindred*, de Octavia E. Butler, já citado. Dana é uma escritora negra que é teletransportada para o período da escravidão nos Estados Unidos, mais precisamente para a plantação do seu ancestral branco, Rufus, o que a torna habitante de dois mundos: o presente 1976 (com dívidas financeiras) e o passado escravista do século XIX.

Essa viagem no tempo coloca Dana diante de um impasse (salvar ou não a vida de Rufus, filho de um proprietário de escravas e também seu ancestral) no qual os termos "obrigação" e "dívida" irrompem para desafiar os princípios da escritora.

---

2 SILVA, Denise Ferreira da. *A dívida impagável*. Rio de Janeiro: Zahar, 2024, p. 24.

Dana é o testemunho do *status* da subjugação que transcende os limites do tempo e revela como o valor total expropriado de terras indígenas e dos corpos de pessoas escravizadas se converteu em dívida impagável. Para Denise Ferreira da Silva, nos perímetros da modernidade e do capitalismo não há como saldar essa dívida, restando a contemplação de um programa ético em que a palavra "justiça" possa promover algum tipo de reparação.

É oportuno assinalar que o debate contemporâneo sobre reparação defende que a dívida deve ser reconhecida e os países colonizadores, responsabilizados. Cônscia de que a dívida é impagável, seja porque o valor pecuniário é da ordem da astrofísica, seja porque considera tacitamente a argumentação de Denise Ferreira da Silva, a luta dos povos afrodescendentes consiste em calcular esse pagamento nos marcos da justiça social — dispositivo criado pela própria modernidade para contemplar os iguais. Reivindicamos reparação em outras cláusulas, já que o contrato vigente, derivado do contrato social moderno, nos excluiu pela diferença racial. Como explicam Charles W. Mills e Sueli Carneiro,[3] tal contrato estabelece uma hierarquia racial, onde aos brancos foram atribuídos direitos e privilégios não extensivos aos não brancos.

Considerando o conjunto dessas reflexões e propostas, deve-se salientar que o fermento da imaginação política nos territórios dos feminismo negros, além de se afastar de uma ação ingênua, como frisei acima, não é da mesma cepa das utopias modernas que deploraram o presente e reconfiguraram o futuro (o Utopianismo ganhou impulso renovado com as tendências das chamadas esquerdas autônomas neste século), porque, de certa maneira, preservou os pilares do projeto moderno (concepção de sujeito, tempo e história, para elencar algumas categorias). As populações negra e indígena quando

3 Em sua tese de doutorado, *A construção do outro como não ser como fundamento do ser*, na Faculdade de Educação da Universidade de São Paulo, em 2005, Sueli Carneiro segue a trilha das reflexões de Charles W. Mills que podem ser encontradas no livro do autor, *O contrato racial*, publicado no Brasil pela editora Zahar. Para Sueli Carneiro, *O contrato racial* figura como uma das obras mais importantes sobre racismo e sistema político, que transita nos campos da filosofia da ética e da política.

evocam a imaginação pública buscam evadir das formas do pensamento moderno, o que requer a quebra da linearidade do tempo e a dissolução do sujeito liberal, no sentido filosófico.

Quem sabe imaginar sob esse viés se aproxima dos sonhos dos Yanomami. Davi Kopenawa afirma que os brancos não sabem sonhar porque sonham apenas consigo mesmos, com seu mundo familiar e suas preocupações pessoais. Na esteira de Kopenawa, Hanna Limulja vai questionar com o que sonham os Yanomami, já que nesta etnia indígena os sonhos diferem da concepção atribuída pela psicanálise — desejos inconscientes do sujeito, pois são maneiras de habitar outros mundos, de deparar com outros seres e, a partir da confluência dos encontros, mobilizar-se pelo desejo dos outros.[4]

O sonho não se presta exatamente à interpretação para os Yanomami, mas a uso prático, ao que pode e deve ser feito com ele. Os xamãs exercem o domínio sobre o sonhar porque promovem abertura para a alteridade, o desconhecido, o distante, e podem conhecer mundos onde nunca estiveram.

> Jean-Paul Sartre, em *O imaginário: psicologia fenomenológica da imaginação*, apresenta um conceito de imaginação/imaginário que se aproxima dessa ideia. Para o filósofo existencialista, imaginação é o exercício da liberdade humana, pois a consciência é capaz de negar o mundo tal como é e *projetar aquilo que ainda não existe*. Imaginar é, assim, o primeiro gesto de recusa e de invenção — político, poético e existencial. Palmilhando Sartre, pode-se dizer que sem imaginação política, não há futuro — só repetição do presente. Note-se que imaginação estabelece um laço indissolúvel com o tempo e as concepções que se tem dele.

Hannah Arendt aconselhou que é preciso treinar a imaginação e sair em visita. O Fórum Social Mundial tornou-se eminente com o lema da imaginação, que quase sempre se mostrava

4 LIMULJA, Hanna. *O desejo dos outros: uma etnografia dos sonhos yanomami*. São Paulo: Ubu, 2022.

nos enunciados de convocação do evento. Mas como podemos exercitar a imaginação num antimundo em que o capitalismo tenta nos convencer da impossibilidade de as coisas acenarem para o diferente, o novo, num processo de persuasão que só nos resta a repetição do presente? De que maneira reinserir a imaginação num programa político que seja capaz de se revitalizar para atender à radicalidade aqui posta?

Temos ciência de que a imaginação recebeu um banho de água gelada advindo da atmosfera de crepúsculo provocada pelo fim da Guerra Fria. Com a queda do Muro de Berlim e o colapso da URSS, a utopia socialista se esgueirou de ser suspensa, mas seu declínio foi irreversível.

Tal como os ventos animam a savana, essa ambiência motivou um batalhão de análises a lavrarem o documento do fim da história, ao modo de Francis Fukuyama. Para o filósofo e economista político, o capitalismo e a democracia burguesa tornaram-se a única forma de governamentalidade capaz de realizar a história da humanidade. Fukuyama percorreu uma longa trilha que foi de Platão até Nietzsche, passando por Kant e Hegel para nos persuadir do fim de jogo.[5]

Oh, céus! Depois de tanta luta no século XX restou um capitalismo que se quer triunfante, porque todas as alternativas a ele pareciam fenecer. Tornou-se popular a frase enunciada por Fredric Jameson e Slavoj Zizek: "É mais fácil imaginar o fim do mundo do que o fim do capitalismo", amplificada pelo filósofo Mark Fisher.[6]

Eis aí um momento que marca o colapso retumbante do imaginário político utópico na contemporaneidade, a despeito das tentativas de revitalizá-lo — como foram os casos do Fórum Social Mundial e da renovação do Utopianismo na esteira da geração da esquerda pós-globalização — que abriram provisoriamente um portal pelo qual poderíamos retomar a invenção de mundos no seio da política.

---

5 FUKUYAMA, Francis. *O fim da história e o último homem*. Rio de Janeiro: Rocco, 1992.

6 FISHER, Mark. *Realismo capitalista: é mais fácil imaginar o fim do mundo do que o fim do capitalismo?* São Paulo: Autonomia Literária, 2020.

A pandemia do covid-19 reativa o ímpeto da imaginação, estimulando reflexões e intervenções políticas, nascidas e criadas no universo das telas (dos computadores, das TVs e dos celulares) que nos conectou diuturnamente. Muitas pessoas se engajaram na única tarefa possível naquele momento: acordar a imaginação política do seu sono profundo. Quilombolas, povos originários, mulheres negras, pessoas LGBTQIAPN+, comunidades periféricas, coletivos artísticos, grupos acadêmicos e intelectuais se irmanaram nesse *tour de force* que buscou reunir os elementos para a invenção de outro mundo, na mesma medida em que decretavam a morte daquele antimundo que rondava a humanidade com o espectro da morte: "alguns diziam que depois disso nada seria como antes. Numa era que parecia ter esgotado sua imaginação política, quiçá só uma pancada virótica fosse capaz de nos despertar".[7]

Eu mesma fiz parte desse pelotão, destacando o papel das artes, particularmente do teatro negro, para o exercício renovado da imaginação. Descrevo um fragmento longo de um texto escrito por mim no auge da pandemia:

> Em tempos de estado suicidário, expressão cunhada por Paul Virilio, onde o investimento se desloca dos meios de produção para os meios de destruição, é preciso "imaginar gestos que barrem o retorno da produção pré-crise do coronavírus", conforme afirmou em texto recente Bruno Latour, renomado filósofo da ciência.
>
> De acordo com Paul Virilio o que define o fascismo não é o Estado totalitário, mas a noção de Estado suicidário: "a guerra dita total aparece aí menos como empreendimento de um Estado do que de uma máquina de guerra que se apropria do Estado, fazendo passar através dele o fluxo de guerra absoluta que não terá outra saída senão o suicídio do próprio Estado". [...]

7 PELBART, Peter Pál. *Pandemia crítica*. São Paulo: Edições Sesc; N-1, 2020, p. 13.

> Seguindo o fio da argumentação de Latour, talvez estejamos frente a uma oportunidade única de mudança radical do nosso modo de vida. Todas as tentativas de correção de rota, de consolidação de propostas que visam à construção de outros paradigmas, como as enunciadas pelos vaga-lumes, nomeadamente os ecologistas, as feministas, especialmente as mulheres negras, os povos originários, os trabalhadores espoliados, foram severamente criticadas e bloqueadas sob a justificativa de que o mundo não podia parar, pois o dinheiro que circulava livremente pelo globo na velocidade da luz tinha que se manter livre sem nenhum bloqueio.
>
> Só que o mundo parou! E se é possível parar o mundo por força de um vírus microscópico, é igualmente possível mudar não apenas as atitudes, mas o enquadre, a moldura que as torna possíveis. Como estamos sentindo na pele, o vírus nos empurra para uma realidade irreversível, árida, mas os desdobramentos dessa realidade podem ter as nossas digitais se concebermos o tempo presente como o tempo da decisão, como bem disse o papa Francisco em seu belo discurso da bênção. [...][8]

O tempo da decisão nos ensina que "é na guerra que se troca de general", o que significa dizer que não podemos esperar o momento adequado para irrealizar o mundo e suspender, com essa irrealização, a crença no real para criar outra presença, como defende Sartre.

Nesse âmbito, impossível não lembrar da escolha do ministro do STF para substituir a vaga de Rosa Weber, no ano de 2024. Houve uma movimentação expressiva dos feminismos negros e de outros setores em torno da indicação de uma mulher negra para a vaga. Na velocidade de um raio, foram disparados contra-argumentos dos entendidos, daqueles que entendem do riscado (no masculino), qualificando de

8 BORGES, Rosane. "Estado suicidário, covid-19 e Black Brecht: os planos de emergência do teatro negro". In: *Jornalistas Livres*. Disponível em: https://jornalistaslivres.org/estado-suicidario-covid-19-e-black-brecht-os-planos-de-emergencia-do-teatro-negro/.

infantis as organizações de mulheres negras por não entenderem como a banda da *realpolitik* toca.[9]

Afinal de contas, o momento político era delicado, e não era hora de uma mulher, muito menos negra, assumir a cadeira. O perfil para a conjuntura já estava dado: era a vez do homem branco adulto (sempre) no comando, para lembrar Caetano, embora o homem branco adulto conhecido e reconhecido como tal virou, num piscar de olhos, uma pessoa negra.[10]

Onde houve uma radicalidade de um segmento político, se viu despreparo; onde se desenhou uma possibilidade de romper com a separabilidade instaurada pela modernidade, nos termos de Denise Ferreira da Silva, reagiu-se com desdém; onde despontou a possibilidade de a democracia ser efetivamente democrática, endereçaram risinhos sarcásticos; onde se apontou a ausência persistente de mulheres negras na instância superior do nosso tribunal, se ouviram vozes "tentando acalmar os ânimos", dizendo que uma hora chega a nossa vez. Pelo que se testemunha, o relógio da espera que eles adotam é o das horas coloniais.

Mas, peraí, não foi Emicida que disse: "água em escassez bem na nossa vez?", o que nos faz insistir que não se trata de uma questão de espera, como se estivéssemos na fila da sopa, de pires na mão na condição de faltantes, reivindicando representatividade pura e simplesmente; o que estava em jogo era a proposição de uma Política com P maiúsculo feita por sujeitas políticas engajadas em outro projeto de Nação. Partimos do entendimento de que a política não é o campo,

9 Ao que parece, o presidente Lula deve indicar mais um homem branco, o ministro da AGU (Advocacia-Geral da União, para ocupar a vaga do ministro Luís Roberto Barroso. A respeito do assunto, a jornalista Flávia Oliveira fez um artigo no qual aponta como a tecnologia do racismo e do sexismo opera: "Construir argumento frouxo para manter no poder as figuras de sempre é o novo preto. Melhor dizendo: o velho branco. É tática que, no momento, aproxima a escolha do sucessor de Luís Roberto Barroso no Supremo Tribunal Federal (STF) do concurso para lecionar literatura africana na Universidade de São Paulo (USP). Uma mesma cartada, a (suposta) proximidade ou amizade, serve para repelir umas — no caso, mulheres negras — quanto para acolher outro — um homem branco, por óbvio. Ao fim do primeiro quarto do século XXI, racismo e sexismo à brasileira seguem positivos e operantes. E contando." (*O Globo*, 18 out. 2025).

10 Referência à música "Haiti", de Caetano Veloso e Gilberto Gil.

por excelência, da gestão, mas pode servir à criação simbólica, à recuperação do sensível e para auscultar os batimentos daquilo que ainda não ingressou em seu léxico.

O episódio horrendo nos reendereça à partilha do sensível, de Jacques Rancière, aos rituais que dizem quem pode e quem não pode tomar partido do comum, no que tange os interesses de uma coletividade. Essa questão tira o véu de outra que a contém: o lugar das subalternizadas no jogo político deste país, interditadas pela fala na efetiva participação na produção e usufruto do comum. Lembrando Spivak, poderíamos indagar: "Pode o subalterno falar?".[11] O subalterno não é aquele que não pode falar, mas aquele que não pode ser ouvido.

Essa anomalia, entre várias outras na coleção de obscenidades das instituições brasileiras, nos põe no colo do imaginário, outra expressão que, mesmo tendo parentesco próximo com a imaginação, vem recebendo diferentes interpretações e se posiciona em lugar privilegiado no léxico contemporâneo. Desdenhar e infantilizar a indicação de uma mulher para o STF é o flagrante de que estamos ausentes no imaginário que esculpe e valida a política, o direito e a economia — a tríade que nos informa o que é o poder.

Declinar alguns conceitos e definições da palavra imaginário parece-me uma tarefa essencial para dimensionar o seu alcance, suas formas dinâmicas e avaliar como o termo pode nos prestar serviço na empreitada deste livro.

Existem palavras que ingressam na cadeia discursiva e mostram força granítica para se apresentar em longa temporada, como se lá estivessem desde sempre; há outras que entram em recesso provisório ou permanente. A palavra "imaginário" é um exemplo do primeiro caso. Recorrente nos círculos acadêmicos e na política institucionalizada, nos discursos e nos marketing políticos, nas instruções de coaching, o termo se espraiou de tal forma no tecido social nas últimas décadas que parece entidade ubíqua.

---

11 SPIVAK, Gayatri Chakravorty. *Pode o subalterno falar?* Belo Horizonte: Editora UFMG, 2018.

Como toda palavra com fôlego para se apresentar em longa temporada, os sentidos de imaginário se multiplicam exponencialmente ao sabor dos enquadramentos que tentam circunscrevê-los a esse ou àquele domínio, papel ou função. Nas ciências humanas, não há uma só disciplina que não lhe deva algo; não há uma só teoria geral que não lhe faça referência; não há teoria dos símbolos e da significação que não mencione o seu nome. Indiscutivelmente, o amálgama conceitual do imaginário é composto de vários elementos que ora interceptam-se, ora distanciam-se, mas possuem algo em comum.

Marx, Durkheim e Weber (os três porquinhos das ciências sociais), cada um a seu modo, esboçaram uma noção de imaginário, empreendimento que deu base para que o termo se ramificasse num emaranhado de posições teóricas. O discurso fundador dos três autores foi um trampolim para a psicanálise, a antropologia e os estudos culturais renovarem questões que envolvem a constituição dos sujeitos e a forma de as sociedades representarem, interpretarem e criarem sentidos sobre si e o mundo.

Karl Marx	Émile Durkheim	Max Weber
o imaginário como ideologia	**o imaginário como consciência coletiva**	**o imaginário na ação social e no sentido**
A estrutura econômica gera representações sociais (ideologias) que "mascaram" a realidade. O imaginário aqui é materialmente enraizado e opera como inversão da realidade social.	As crenças, os rituais e os símbolos são expressões de uma consciência coletiva que forma e sustenta a coesão social. O imaginário aparece nas representações sociais, nos mitos, nos símbolos religiosos e morais.	Atribuir sentido subjetivo às ações é central na sociologia compreensiva. O imaginário se relaciona à maneira como os indivíduos interpretam o mundo e suas motivações, inclusive religiosas, éticas, políticas.

Se a imaginação está relacionada com a capacidade de o indivíduo formar e projetar imagens, conferindo presença à ausência, o imaginário é um investimento coletivo, simbólico, que faz da imaginação um sistema de imagens e representações que instituem a realidade e, no mesmo golpe, ordenam os modos de percebê-la. O imaginário, de maneira banal, é um repositório imemorial que utilizamos, tal como uma cartola, para extrair os significantes e os significantes que dão sentido ao mundo.

Cornelius Castoriadis consagrou-se com o livro *A instituição imaginária da sociedade*, onde apresenta uma concepção de imaginário que é fundante do pensamento, instituinte do sentido. É nessa visada, do imaginário fundante, que ele lhe atribui a definição de imaginário radical.[12]

No campo psicanalítico, comandado por Freud e Lacan, o imaginário recebe novas camadas reflexivas pelas angulações do olhar dos dois autores. De forma resumida, pode-se dizer que as formas das identificações do eu que revestem a pele do sujeito sintetizam as investigações em torno do imaginário, onde termos como realidade psíquica e fantasia, em Freud, sustentam um programa de investigação que se desdobra em Lacan nas três ordens do psiquismo, relacionado à imagem do eu e à alienação (real, simbólico e imaginário). Para Lacan, a instância *imaginária* são onde habita a ideologia, pois no imaginário o que o determina são a significação e tudo o que é da ordem das representações para pensar o mundo como "ele é"; é o lugar do eu, com seus efeitos de ilusão e engodo, que se crê o que não é, em sua precariedade, num contínuo processo de identificação parcial. Desse modo, para Lacan, o imaginário só subsiste articulado com o simbólico e o real, formando uma estrutura, um enlace particular, esquematizado na figura topológica do nó borromeano:

12 CASTORIADIS, Cornelius. *A instituição imaginária da sociedade*. São Paulo: Paz & Terra, 1982.

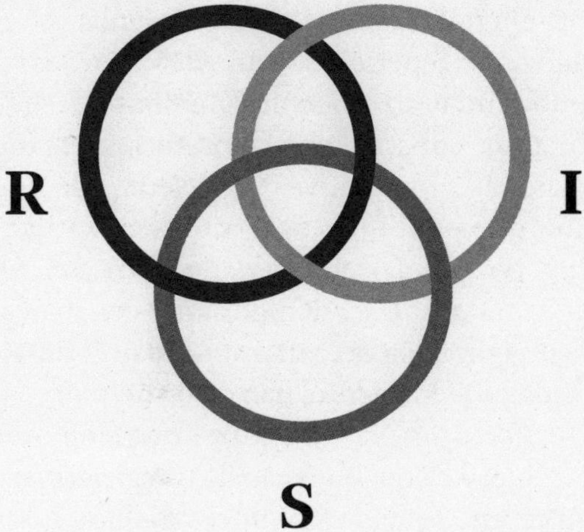

Nó borromeano de Jacques Lacan

Ainda de acordo com o psicanalista francês, esses três anéis [R, o real; S, o simbólico e I, o imaginário] formam um conjunto interligado de tal modo que, se um dos elos for desfeito, os outros se soltam irremediavelmente. Nessa interconexão, o real representa o inominável, aquilo que a linguagem não acessa, o trauma. O simbólico, ao contrário, é o reino da linguagem, da cultura, da significação e do sentido.

A dimensão imaginária é crucial para os estudos da comunicação, pois é nela que encarnam os embates, os conflitos, os impasses entre os sujeitos nela implicados. Representações que necessitam da linguagem para se materializar. É o imaginário tecnológico que impera nas mediações sociais contemporâneas.

Produto e *processo* compõem uma dobradinha em que o primeiro incide sobre o já existente e o já consagrado (mitos, linguagens, estéticas, narrativas), ao passo que o segundo fareja o vento e, se o caminho estiver livre (mas também, se não estiver, desobstruímos as passagens, como estamos fazendo desde o sequestro de África), cria e recria novas formas de existência a partir da experiência histórica, das lutas que se renovam e dos desejos que se repetem. Como lembra

Octavio Paz, em todas as sociedades as gerações tecem uma tela feita não só de repetições, como de variações.

Abrindo sendas ao modo de centelhas de cometas, nós, mulheres negras, construímos laboratórios que dão vazão à nossa capacidade imaginativa. Conscientes de que o trabalho é de monta, expandimos os territórios de atuação desses laboratórios, porque *destecer o que nos fizeram e (re)tecer o que nós somos e podemos ser* demandam a construção de uma fábrica de imaginários semelhante à usina de Hollywood (em termos de procedimento, não de princípio).

Já se tornou uma platitude dizer que Hollywood é uma usina de produção e consolidação de imaginários, um investimento incessante que apresentou e moldou o mundo sob a rubrica do glamour e do sucesso. Com Hollywood passamos a projetar ideias de beleza, bem-estar, vilania, riqueza, inteligência, força por meio dos *frames* emoldurados com o *passe-partout* do brilhantismo.

Não há como negar que Hollywood é um território mítico e onírico que se expandiu para quase todos os cantos do planeta, exercendo influência cultural e econômica com suas modalidades narrativas: dos filmes e séries às revistas, propagandas e congêneres.

Mesmo não desconsiderando a controvérsia que levanta a poeira sobre o que Hollywood entrega — se é ou não cinema, rigorosamente —, é preciso lembrar que "o cinema criou e alimentou, ao mesmo tempo, um apetite pelo espetáculo oferecendo a oportunidade de se recriar o passado, reimaginar o presente e visualizar o futuro".[13]

Talvez seja por isso que a memória do Oeste americano encontrou no cinema sua principal via para tecer e destecer narrativas que o fixaram no imaginário global. De acordo com a socióloga e historiadora Régine Robin:

> Os passados lendários que se tornaram mitos, antecipadores de utopias ou de desastres, não são o apanágio nem de

13 KEMP, Philip. *Tudo sobre cinema*. Rio de Janeiro: Sextante, 2011, p. 16.

> historiadores, nem de filósofos, nem da ficção. Eles estão no cerne da cultura, na cena do presente, repletos da experiência do passado que, repetidamente, lhes têm tecido e destecido. Às vezes, é a ficção que inventa o passado, a história retificando os aportes lendários. Outras vezes, é a história que constrói o mito, o discurso político, reforçando-o, dando origem a um "passado" que se afunda em distâncias fabulosas. Acontece ainda de ser a ficção a desconstruir esse passado opaco. Os discursos se fazem e se desfazem. Isso se manifesta no caso das narrações do Oeste americano, onde práticas sociais, lendas, romances, filmes (e notadamente *westerns*), discursos políticos e textos de historiadores alternam-se há mais de cem anos.[14]

Robin diz que o turismo e Hollywood colonizaram o Oeste e o transformaram, "reutilizando suas lendas, seus clichês e estereótipos para vender o mito, mesmo a 'autenticidade'". Buffalo Bill, como sabido, é responsável pelo mito do Oeste, nos tornando cúmplices da violência e da matança: o fora da lei, o genocídio dos povos originários, a conquista do espaço pela força bruta, a destruição das cabanas dos pioneiros, o ataque das diligências e de trens... essa ordem de brutalidade nos fez vibrar e torcer pelo dominador impiedoso porque toda essa crueldade se presta à celebração dos processos de civilização da Nação americana, as novas leis, a conquista agrícola, pastoral, as estradas de ferro como sinal de desenvolvimento.

Os *westerns* americanos deixaram de existir enquanto gênero, mas foram reassimilados no estilo macarrônico, nas investidas de Clint Eastwood, nas sagas ecológicas de Robert Redford. Uma das justificativas para o declínio dos *westerns* americanos reside no fato de que se tornaram um formato extemporâneo para a sociedade da década de 1970 — época em que mostrou sinais de esgotamento —, visto que a figura do caubói e a forma arcaica de mostrar conflitos e situações

14 ROBIN, Régine. *A memória saturada*. São Paulo: Editora Unicamp, 2016, p. 65.

dramáticas poderiam ser mais bem exploradas em cenas urbanas e contemporâneas.

Depois de um estrondoso sucesso, os *westerns* foram substituídos por séries de detetives, incursões paramilitares e investigações da CIA, estendendo sua matriz para uma ambiência ainda mais espetaculosa. As fronteiras do imaginário se deslocaram, mas mantiveram seus princípios, "remitologizando" o Oeste, reafirmando os seus pilares: ideia de conquista e domínio de terras, do exercício do individualismo, o culto a uma noção de democracia.

Acredito que o investimento narrativo no Oeste é o melhor desenho de como as incidências imaginárias funcionam: produzindo incessantemente narrativas; disputando a entrada dessas na cadeia discursiva em uma longa escala temporal; renovando tais narrativas quando elas apresentam fadiga; deslocando sua incidência para outros territórios. Tudo isso motivado por uma ação antecedente: a imaginação.

Ao ler e reler mulheres negras, seja na literatura ou nas artes em geral, seja nos relatos técnicos, flagramos uma miríade de iniciativas que percorrem essa trilha, com a diferença de que parte dela não consegue o êxito de ser inserida na cadeia discursiva, porque desliza frente às estruturas de poder, adiando o deslocamento que permanece, sempre, à espreita e reivindica um lugar. Como cavamos à unha os territórios onde querem cerrar as cortinas para impedir a nossa atuação no palco do mundo, algumas experiências colhidas dos jardins de nossas mães conseguiram romper o umbral da negação, convertendo-se em projetos modelares com efeito balsâmico para cada uma de nós.

2 Imaginação e imaginário: legitimar um lugar apesar de tudo, como fez Carolina Maria de Jesus

Deixei o leito para escrever. Enquanto escrevo vou pensando que resido num castelo cor de ouro que reluz na luz do sol. Que as janelas são de prata e as luzes de brilhantes. Que a minha vista circula no jardim e eu contemplo as flores de todas as qualidades. [...] *É preciso criar este ambiente de fantasia, para esquecer que estou na favela.*

Carolina Maria de Jesus, *Quarto de despejo*

Carolina Maria de Jesus fabulou para reinventar a vida para si e para todas nós, fabulou para desenhar novos horizontes para aquelas que, assim como ela, só poderiam se mover no mundo na condição de faltantes (de tão faltantes que poderiam ser tudo, menos gente), fabulou para manufaturar outra forma de existência. No varejo dos dias, compôs seus relatos, em forma de diários, com uma sensibilidade fina, que rasga, tal como vento forte em noite de frio, a crueza do cotidiano.

Ainda que a denúncia e a indignação sejam matéria-prima elementar de sua obra, Carolina legou-nos uma narrativa que não foi esmagada sob o peso da aspereza que sua existência teve que carregar, mas foi atravessada pela fantasia que sempre apostou no porvir: "É preciso criar este ambiente de fantasia, para esquecer que estou na favela".

Nesse anseio e desejo expressos no processo de escrita, que já é um momento prenhe de imaginação, entreveem-se o passado, o presente e o futuro compondo uma aura benfazeja do tempo, capaz de possibilitar avanços no tecido do agora. A uma vida fatigante, pobre materialmente, absolutamente escassa, a bem da verdade, a autora do célebre *Quarto de despejo* contrapõe uma vida plena, preenchida por signos da riqueza e do bem-estar. Na condição de sem-teto, Carolina imaginou, mais do que isso, projetou, ao modo de uma arquiteta bem detalhista, uma casa só sua, uma casa que pudesse abrigar a soberania que dela tinha sido subtraída.

Deslizando entre as agruras e as glórias de ser, a autora imaginou um lugar — uma casa, ou melhor, um palácio — apesar de tudo. Ela não se cansa de nos prover imagens emancipatórias que a coloquem no lugar da dignidade (lembram do deslocamento de Lélia Gonzalez?).

O *apesar de tudo* aqui se aproxima das reflexões de Didi-Huberman. Indo na contramão da indecidibilidade, da irrepresentabilidade, da impossibilidade para o acontecimento traumático, o pensador francês defende:

> Devemos tentar imaginar o que foi o inferno de Auschwitz no verão de 1944. Não invoquemos o inimaginável. Não nos protejamos dizendo que de qualquer forma não o podemos imaginar — o que é verdade —, já que não poderemos imaginá-lo inteiramente. Mas *devemos* imaginá-lo, esse inimaginável tão pesado. [15]

Na trilha de Didi-Huberman, "para saber é preciso imaginar-se", a imaginação impõe-se como um dever. Quando lançarmos um olhar para a política brasileira e mundial, veremos o quanto essa tarefa é obrigatória.

Sem querer abrir o leque das referências, pois, como disse na introdução, cabe examinar como as vozes aqui solicitadas atestam um rastro que faz traço, podemos convocar Esperança Garcia (Piauí), Harriet Jacobs (Estados Unidos), Maria Firmina dos Reis (Maranhão), Marie Vieux-Chauvet (Haiti), Maryse Condé (Guadalupe), Simone Schwarz-Bart (Guadalupe), mulheres negras da diáspora que ousaram ao

15 DIDI-HUBERMAN, Georges. *Imagens apesar de tudo*. São Paulo: Editora 34, 2020, p. 11.

imaginar e concretizar outras formas de configuração da nossa existência por meio de relatos fundadores.

De fato, nossos passos vêm de longe com as marcas do barro que nos constituiu como seres imaginantes, porque acossadas pelo monstro da escravidão, da exploração e da exclusão. A imaginação é a arma com a qual colocamos em marcha a potência da ação, da reação e do resistir, uma espécie de panóplia que nos encoraja a entrar em campo de ação.

Essa tríade ação-reação-resistência se move no torvelinho do tempo linear, vociferando contra ele, assim como fez Denise Ferreira da Silva na busca de outro estatuto para o regime temporal, porque é só quando o tempo rompe a linearidade que é possível a história assumir rumos e destino diferentes. É preciso imaginar, apesar de tudo. Para a escritora moçambicana Paulina Chiziane, contar uma história significa levar as mentes no voo da imaginação e trazê-las de volta ao mundo da reflexão

O tempo espiralar delineado por Leda Maria Martins e pelos povos originários é o outro conceito-categoria que suporta aquilo que não está prefigurado na ordem da existência, porque faz do corpo-tela o território por onde se pintam as possibilidades de inscrição de novas estéticas e poéticas que rompem em definitivo com o cronômetro que contou uma história que se queria única e universal, aprisionando, escravizando, subjugando mais da metade da população do planeta.

3 Contra a temporalidade parasitária, a favor do tempo espiralar de Leda Maria Martins e dos povos originários

No corpo o tempo bailarina. E em seus movimentos funda o ser no tempo, inscrevendo-o como temporalidade. Dos gestos primevos é que respira a voz, inspirando nos seres o sopro divino, o hálito originário que circunscreve em torno de si em si mesmo o sagrado. Antes de uma cronologia, o tempo é uma ontologia, uma paisagem habitada pelas infâncias do corpo, uma andança anterior à progressão, um modo de predispor os seres no cosmos. O tempo inaugura os seres no próprio tempo e os inscreve em suas rítmicas cinesias.

Leda Maria Martins, *Performances do tempo espiralar*

Para nós povos indígenas, eu estou generalizando 305 nações indígenas originárias, o tempo não é algo linear, nem uma corrida contra o relógio, como tantas vezes o vemos no mundo moderno. Ele é circular, ou melhor, espiralar — uma jornada que conecta passado, presente e a ficção temporal denominada futuro em um contínuo que transcende o imediatismo da vida digital. Cada ação, cada palavra e cada gesto carrega consigo o peso das gerações que vieram antes e das que virão depois.

Anápuàka Tupinambá, "O tempo espiralar: uma visão ancestral indígena"

Pensar e fruir o tempo na condição de espiralar, seja ao modo de Leda Maria Martins, seja ao modo dos povos originários representados aqui por Anápuàka Tupinambá, é mais um dos movimentos que empreendo neste livro, tal como o reforço dos pontos de costura, para que os itens subsequentes encontrem um tecido já cerzido com as linhas fornecidas pela constelação de nomes que desfilaram por aqui. "A ancestralidade se inicia na precedência, mas é ativada na presença", cravou belamente Tiganá Santana, o que nos franqueia dizer que os dons herdados das nossas ancestrais vão amealhando um patrimônio que autoriza passos decisivos rumo aos caminhos já imaginados e abertos. Resta-nos alargá-los e, à medida que se expandam, abrir novos.

A esta altura, o vai e vem da agulha que cose as páginas deste livro exige uma cerzidura como se estivesse rendando à *frivolité* — uma renda bastante resistente formada por nós e picots, também conhecida como renda de espiguilhas —, uma técnica de artesanato antigo para criar rendas delicadas usando nós e uma naveta (espécie de lançadeira) ou agulha longa. Ou seja, chegamos em um ponto no qual as descosturas empreendidas (das noções de estética, de sujeitos, de imaginário) vão abrindo espaço para os fios da memória e da história, a fim de desenhar outros quadros comuns de referência, outros repositórios de imagem. Não é por acaso que o tópico da temporalidade se interpõe ao que vem depois.

Caso estejamos minimamente de acordo com o que propõe Denise Ferreira da Silva, é tarefa inadiável libertar o tempo da linearidade, em virtude das múltiplas implicações que essa noção acarretou, contribuindo para a separabilidade, da qual fala a filósofa: ao ser a única civilização que tomou o tempo como máquina de comparação, ou seja, a única que se diferenciou a partir do critério desenvolvimento x atraso, tomando o tempo como fiador dessa distinção criminosa, a modernidade eurocidental classificou todas as outras categorias numa escala hierárquica, como uma petição de princípio. Para Octavio Paz:

> cada vez que os europeus e seus descendentes da América do Norte se depararam com outras culturas e civilizações,

chamaram-nas invariavelmente de *atrasadas*. Não é a primeira vez que uma civilização impõe suas ideias e instituições a outros povos, mas **é a primeira vez que, em vez de propor um princípio intemporal, postula-se como ideal universal o tempo e suas mudanças**. Para o muçulmano ou o cristão, a inferioridade do desconhecido residia em não compartilhar de sua fé; para o grego, o chinês ou o tolteca, em ser um bárbaro, um chichimeca; **desde o século XVIII o africano ou o asiático é inferior por não ser moderno**. Sua estranheza — sua inferioridade — provém de seu "atraso". Seria inútil perguntar-se: atraso em relação a que ou a quem? **O Ocidente identificou-se com o tempo e não há outra modernidade senão a do Ocidente.**[16] [Grifos meus]

Como magistralmente observou Paz, pelas lentes da modernidade ocidental, a ideia de atraso está umbilicalmente ligada a certa noção de tempo que serviu de esteio para a produção de sentidos universalizantes sobre a vida, seja ela individual ou coletiva. Essa noção de tempo, calcada na linearidade, nos leva a bordar mais uma vez, com o perigo da repetição, nosso tecido na máquina de costura de Denise Ferreira, pois a ideia do tempo histórico como um processo finito, sucessivo e irreversível precisa ser rechaçada se quisermos romper com a moldura colonialista que desenhou linhas divisórias, porque distintivas, entre povos e civilizações.

Quando nos movemos sobre domínios de investigação relativos a essa criatura que "aqui sempre esteve", temos a ideia, mesmo empalidecida, de que um breviário dos sentidos da existência ou repousa no rio de Heráclito,[17] da mudança perpétua (mudança que, para as condenadas da terra, faz com que as coisas permaneçam, terrivelmente, as mesmas,[18]

16 PAZ, Octavio. *Os filhos do barro*. Rio de Janeiro: Nova Fronteira, 1984, pp. 39-40.

17 Heráclito, como toda a sua turma, foi ingrato conosco. Não saímos diferentes depois de entrar no rio que ele nos banhou, é das águas de Oxum que saímos diferentes, porque renascidas.

18 Aqui é mais que evidente a alusão à frase de Giuseppe Tomasi di Lampedusa em *O Leopardo*: "É preciso que alguma coisa mude, para que tudo permaneça como está".

urdindo uma temporalidade parasitária), ou é triturado na roda de Zaratustra, representante máximo do eterno retorno (o que dá no mesmo, porque retomamos assim como Kindred, o personagem de Octavia Butler já citado, para um tempo muito parecido com o nosso). Às vezes, ousamos bifurcar e sintetizar os dois tempos, o que não produz efeito transformador quando o que está em causa é a vida dos "atrasados", assim medidos e calculados pela linearidade do tempo.

Uma vez que tempo e espaço andam juntos, a *medida* ("o homem é a medida de todas as coisas") torna-se elemento fulcral, pois sem medição não há sucessão, calendário. Poeticamente, o filósofo Paul Ricoeur considerou o calendário como um terceiro tempo que "cosmologiza o tempo vivido e humaniza o tempo cósmico". Já para o linguista Émile Benveniste, o calendário produz um "tempo socializado", mas a voz capitalista degrada os conceitos dos dois: o calendário serve apenas para metrificar a produção.

Como a palavra (tempo) tem uma raiz indo-europeia, "di" ou "dai, que indica divisão, a contagem ocupa papel de prestígio nas formas de apreensão do tempo. Medir e contar, nos nossos dias, alcançaram um nível de precisão e sofisticação elevadíssimo, permitindo que o tempo capitalista se desgarrasse dos ciclos da natureza — o ciclo das estações do ano, das luas... — e passasse a ter outro tempo, codificado na forma monetária: "Tempo é dinheiro!".

Desde Isaac Newton, no século XVII, que o tempo ganhou designação até hoje aceita: flui uniformemente sem relação com nada que lhe seja externo, carrega a antecedência das antecedências, habita um patamar ineliminável. Kant posiciona-se no mesmo patamar para afirmar que não se pode suprimir o tempo, ainda que se possa dele eliminar os fenômenos.[19] Para ambos os autores, o tempo é indedutível, onipresente, invencível, inapreensível, em suma.

---

19 KANT, Immanuel. *Crítica da razão pura*. Petrópolis, RJ: Vozes; Bragança Paulista, SP: Editora Universitária São Francisco, 2018.

Conceitualmente, o espaço teria dinâmica similar, uma visada compartilhada com a noção de tempo: o espaço, antes de tudo, até antes de o mundo existir, ele já estava lá, à espera de ser delimitado pelos sítios de significação: "O espaço é uma representação necessária *a priori* que serve de fundamento a todas as intuições externas. Ninguém pode jamais representar-se que não há espaço, mesmo podendo perfeitamente pensar que nenhum objeto se encontra no espaço".[20]

Não é do meu interesse propor um inventário, uma odisseia da história do tempo, mas estendo o tecido da escrita para apresentar algumas clivagens do termo ao longo da história, na perspectiva ocidental, para cogitarmos as brechas em que outros paradigmas do tempo se aninharam. Tornou-se moeda corrente afirmar que o tempo tem sua época, a despeito de as definições de Newton se manterem, mesmo com as transmutações promovidas pela física quântica.

Pensar sobre essas clivagens nos obriga a habitar provisoriamente a casa de Chronos, Kairós e Krisis para seguir em busca de abrigo que pense coexistências, como é o caso do tempo espiralar. De acordo com o filósofo François Hartog, no regime cristão de historicidade, "Kairós e Krisis penetraram, delimitaram, regeram e demarcaram Chronos", mas, como não existem rituais sem falhas, o autor atenta para as dissonâncias que se instalaram no coração da ordem cristã do tempo, provocando um ponto de virada fundamental. Ainda segundo Hartog, era possível ser newtoniano e sustentar a veracidade do "Livro de Daniel", pois

> A Encarnação era reconhecida como o pivô do tempo *chronos* e do tempo *kairós*, ou melhor, ela o era desde sempre e para sempre. Contra as dúvidas e as constelações, duas sentinelas, um papista e outro violentamente antipapista, ainda defenderam decididamente o quadro bíblico e o horizonte cristão do tempo.[21]

---

20 Id., Ibid., p. 74.

21 HARTOG, François. *Chronos: o Ocidente confrontado ao Tempo.* Belo Horizonte: Autêntica, 2025, p. 195.

Mas essa confluência deixou de existir, e a dominação do tempo cristão se viu assustadoramente com os dias contados, refluindo irrevogavelmente diante da ascensão do tempo moderno diante do implacável Chronos, que teve amparo na noção de progresso e foi animado pela flecha que se direciona irreversivelmente para o futuro; cada vez mais senhor de si e de uma época, Chronos não abandona totalmente Kairós e Krisis, mas os submete à sua autoridade e ao seu controle. Nem um (Kairós), nem outro (Krisis) parecem funcionar como mediadores ou limitadores deste Chronos que, em seu novo reinado, desprendeu-se das amarras que os humanos outrora lhe impuseram. Chronos segue, assim, absoluto, exercendo seu reinado sem diques, nem barreiras. Mas eis que novamente somos jogadas no meio da tempestade, depois de séculos acreditando que estávamos em um porto seguro. O brilho da modernidade e do progresso são ofuscados por acontecimentos que até hoje rondam o espectro da comunidade planetária.

Mostra-se, assim, producente acompanhar as clivagens do tempo, já que o império de Chronos, construído concomitantemente com o império da Modernidade, vem, não é de hoje, apresentando rachaduras que se apresentam na forma de distopias e desesperança no futuro que ele mesmo garantiu. Se o futuro se encontra, em nossos dias, bloqueado, ameaçado pelo Antropoceno, uma era geológica em que a espécie humana se tornou a principal força de mudança/destruição, como pensar as várias camadas desse tempo que continuou nos trucidando?

Dessa maneira, a um modo de imaginar e criar/instaurar novos mundos corresponde um jeito de instaurar outra temporalidade.

São vários os sinais de que Chronos precisa ser destituído do trono, precisamos fazer girar outras cosmologias temporais, indo contra o imobilismo e o fatalismo com os quais a ópera capitalista seduz, canta e (des)encanta (depois que descobrimos que um microvírus pôde imobilizar o mundo, na contramão do que diziam os financistas de que o planeta Terra não podia parar, que a circulação do dinheiro não encontrava barreiras, nem fronteiras, é preciso conter as perspectivas fatalistas e céticas).

Quando assistimos às convulsões contemporâneas recentes, nos damos conta de quanto todas as manifestações que tiveram palco nos últimos anos reivindicam outro tempo, confrontando o *deus do tempo*, que acabou sendo desmascarado como aquele que só trouxe decepção, inclusive filosófica, e exerceu o papel de um general fiel ao capitalismo de crise, que hoje veste desbragadamente a indumentária do capitalismo algorítmico.

Para ser mais precisa, desde o fim da Segunda Guerra Mundial as vozes contrárias a Chronos não param de ruminar (caso fôssemos recuar, os sintomas da crise já estão no fim do século XIX). É exatamente nesse momento que o tempo do regime moderno de historicidade entra em crise profunda, sem as máscaras que alimentavam a ideia de um futuro alvissareiro.

Envelopadas na crítica ao progresso que entoou a sinfonia para a marcha segura e firme da humanidade rumo à "civilização plena", a um humanismo global, as posições divergentes oscilaram em denunciar um Chronos que ora se reduziu a um tempo parado, incapaz de ultrapassar e soterrar as misérias do presente, ora se colocou na trilha da hiper-aceleração, ameaçando a sua própria existência. É o tempo da sociedade 24/7, a sociedade que não para nas 24 horas do dia e nos sete dias da semana, mostrando sua face integralmente, é uma sociedade de telas que não dorme e não consegue desertar do fluxo contínuo da internet que só nos apresenta um presente, muitas vezes sem sentido, porque sem tempo. Somos incapazes de dimensionar as consequências da extensão da rede sobre o mundo, dos elementos que resultam da associação entre *Logos* e *Teckné*, porque a governamentalidade neoliberal assim o quer.

Hartog lembra dois acontecimentos que perfuram o terreno sobre o qual o Ocidente fincou raízes: Auschwitz e Hiroshima implantam outra economia do tempo, já que, entre outras coisas, os dois envolveram uma questão jurídica, do crime imprescritível, fazendo do tempo algo em eterna suspensão, um tempo que não passa.

É mais que oportuno colocar em tela novamente a pior tragédia da humanidade, a escravidão transatlântica. Que tipo de economia do tempo a escravização de corpos negros endereçou para escravizadores/as e escravizadas/os? Como pensar a economia de tempo com Gaza sob holofote permanente, convertendo-se em Auschwitz com câmeras 24h?

Da janela em que experimentamos os dias, é preciso relembrar que não se trata de ir em busca do tempo perdido, como fez Marcel Proust, mas de ir em busca do tempo roubado. Esse tempo roubado, para quem herdou a marca da escravidão na pele, circula em uma escala de dano que se multiplica exponencialmente, acarretando prejuízos longevos que se candidatam à perenidade.

Esse tipo de roubo, direcionado para quem era apenas objeto, está abaixo daquilo que foi apontado por Marx: o tempo de trabalho excedente, que gera mais-valia para o capitalista. É mais que sabida a esperteza do capitalismo industrial que fazia dos relógios de ponto um mecanismo de ladroagem: geralmente, os relógios eram adiantados de manhã e atrasados à tarde.

Em tempo: o que significa a reivindicação da redução das horas de trabalho no Brasil, que atualmente é fixada na escala 6×1 (seis dias de trabalho e um de folga na semana), senão outra gestão do tempo que seja capaz de abrigar outras formas de existência? Cada vez mais, ganha lastro a defesa da redução da jornada de trabalho para 36 horas semanais, com a criação de novas escalas, como a 4×3 (quatro dias de trabalho e três de folga).

Dimensionar as clivagens do tempo considerando as crises e os traumas, exige outras posturas e olhares que sejam capazes de perscrutar as possibilidades de novas configurações temporais. Foi assim que ocorreu no pós-Auschwitz e Hiroshima, onde um tempo regido por Chronos foi revolvido por meio dos sulcos profundos em seu terreno.

François Hartog enumera o que essa rotação de perspectiva provocou no mundo da teoria: o evolucionismo perde *status* honorífico; os funcionalismos, preferencialmente os futuristas, passam por um crivo crítico ainda mais rigoroso.[22] A longa duração e a história estrutural defendidas por Fernand Braudel passam a ser vistas como um adequado empreendimento epistemológico para as exigências do tempo que deixou de ser Tempo. Com Lévi-Strauss, a sincronia vai prevalecer sobre a diacronia, e Foucault decreta a morte do homem, antecedida pela morte do sujeito. Irrevogavelmente, emerge uma crise de futuro, em que o presente assoma, todo pimpão, no horizonte, desdobrando-se, na atualidade, no fetiche do "tempo real", da instantaneidade e da simultaneidade — "qualidades" que as tecnologias de informação e expressão se jactam em promover indefinidamente nas nossas vidas expropriadas por essas lógicas temporais.

A propósito, a crise do futuro e o triunfo do presente, desidratado de temporalidade, não sabe o que é recesso, férias, período sabático, descanso... Desde então, os movimentos de insurreição procuram resgatá-lo do sequestro de um tempo fraturado, do senhor Chronos.

Uma pergunta se mostra oportuna: Como tensionamos a noção de tempo e, dessa tensão, como podemos ajustar novos desenhos teóricos e práticas que decalcam outro mundo nesse mundo do século XXI, a exemplo do que aconteceu no pós-guerra do XX?

À ilustração, confessadamente política, outros acontecimentos acorrem. Além da Primavera Árabe, destaco com maior ênfase às manifestações no Chile em 2019, que tiveram vasto campo analítico a seu dispor, tentando deslindar as motivações que lhe deram corpo e sustentação.

Pierre Dardot defende que as manifestações no país são, indisfarçadamente, revolucionárias. Ele vai na contramão de

22 Essa é uma das razões pelas quais resisto em ceder acriticamente ao uso do termo afrofuturismo, já que não se trata de uma noção de futuro acompanhada do prefixo afro, mas de uma torção no tempo de tal modo que possa ser visto de outra forma, implodindo o conceito de futurismo, mas não de futuro.

certa linhagem teórica que defende o contrário, amparada numa perspectiva historiográfica, que diz que uma revolução só pode ser assim considerada se chegar a um bom termo (as contestações chilenas lograram resultados magros, como se sabe: criação de uma nova Assembleia Constituinte [julho de 2021 a julho de 2022], cuja proposta de uma nova Constituição foi derrotada). Dardot, bebendo da fonte de Cornelius Castoriadis, entende que o significado de uma revolução deve ser examinado politicamente, o que traz como possibilidade reinstituir a sociedade.

Assim, continua: "inscrever essa revolução na história chilena, não para delimitar seu alcance ou reduzi-la a uma falsa continuidade, mas, ao contrário, para compreender melhor sua dimensão de ruptura, constitutiva de qualquer revolução digna desse nome".[23]

Ao falar de ruptura, fala em tempo e, ao falar de tempo, menciona o principal legado das manifestações do Chile: construir uma memória do futuro.

> Reza a tradição que o pêndulo da América Latina se movimenta quase sempre pro mesmo lado: em efeito dominó, a manifestação de alguma tendência num país reverbera em outros, o que se acentua num contexto tecnológico onde as informações circulam em velocidade supersônica por força das ferramentas de comunicação e expressão. As inolvidáveis manifestações da chamada Primavera Árabe tornaram-se paradigmáticas desse arranjo comunicacional emergente.
>
> Não se tem como negar esse traço latino-americano que expõe as veias abertas da região, para lembrar Eduardo Galeano, e nos faz partilhar situações comuns, processos políticos semelhantes, no passado e no presente. Vale a ressalva de que a orquestração de alguns acontecimentos responde à necessidade de reação quase perpétua de um pedaço do planeta onde as desigualdades insistem, a despeito de algumas

23 DARDOT, Pierre. *A memória do futuro: (Chile 2019-2022)*. São Paulo: Editora Unicamp, 2023, p. 5.

mudanças, e não a um movimento irrefletido das massas que se comportam como gado.[24]

Memórias de futuro que podem ser sintetizadas no provérbio iorubá que embaralha as temporalidades: "Exu matou um pássaro ontem com uma pedra que só jogou hoje", nos ensinando que o passado pode estar no futuro e vice-versa. Ladear esse provérbio ao tempo espiralar de Leda Martins demanda uma ampliação dos pares, demanda trazer para roda do corpo-bailarina[25] Antônio Bispo, para quem a história negra diaspórica é começo — meio — começo.

Contra a teleologia denunciada por Denise Ferreira da Silva, monto um circuito complexo (no sentido de operar em várias camadas), porque estabelece uma solidariedade entre o provérbio iorubá, Leda Maria Martins, Nego Bispo e Anápuàka Tupinambá, pois em todos eles atestamos que

> o tempo pode ser ontologicamente experimentado como movimentos de reversibilidade, dilatação e contenção, não linearidade, descontinuidade, contração e descontração, simultaneidade das instâncias presente, passado e futuro, como experiência ontológica e cosmológica que têm como princípio básico do corpo não o repouso, como em Aristóteles, mas sim o movimento. Nas temporalidades curvas, **tempo e memória são imagens que se refletem.**[26] [Grifos meus]

Esse circuito nos autoriza a abdicar da ação de Chronos sobre a flecha do tempo, calcada na lógica do tempo da física newtoniana. Já que as portas do futuro foram fechadas, ao modo de Dante, aquele circuito nos obriga (no sentido de compromisso) a uma movimentação mais complexa em que ganha espaço ou-

24 BORGES, Rosane. "A América Latina e o mundo se despedaçam". Disponível em: https://www.cartacapital.com.br/opiniao/a-america-latina-e-o-mundo-se-despedacam-mas-o-brasil-segue-inerte/.

25 Um corpo que dança e é polissenssorial, tal como foi pensado por Leda Maria Martins.

26 MARTINS, Leda Maria. *Performances do tempo espiralar: poéticas do corpo-tela*. Rio de Janeiro: Cobogó, 2021, p. 23.

tro sistema de escritura do tempo, irremediavelmente, cravado no corpo, daí corpo-tela, como ensina Leda Maria Martins.

Exatamente por isso não nos cabe mais tomar as expressões que nomeiam o tempo como se fossem coringas intercambiáveis: Chronos, Kairós, Aiôn repousam em territórios cujas âncoras os fixam nesta ou naquela esfera de sentido, mesmo que conversem entre si quando os seus censores cochilam. Não se trata de escolher entre uma ou outra, mas, antes, de pôr em perspectiva as cosmologias que nos integram num compósito que abre possibilidades múltiplas para a validação de nossas existências, de saber nomear e fazer dessa nomeação um fio que nos conecte com o que foi nomeado. Assim, o tempo espiralar se instala para validar o que foi desvalidado e parar o relógio de Chronos que nos designou como "atrasadas/os".

Anápuàka Tupinambá explicita que a visão espiralar do tempo é fundamental para

> entender como nos comunicamos e vivemos. Nossos ancestrais ainda estão presentes na terra, no ar, nas águas, na energia do Universo e, principalmente, na memória que carregamos em nossas falas e histórias. Comunicar, para nós, é um ato de resistência e de reconexão. Resistência contra a invisibilidade imposta pela modernidade e reconexão com a essência da nossa existência.[27]

A invisibilidade, urdida no cronômetro que comportou atraso x desenvolvimento, é alvo de um conjunto de iniciativas que laboram, como diz Leda Maria Martins, para instalar "o contínuo exercício de uma memória cultural dialógica negra, transcriada como um significante recorrente, pelo que se reatualizam, em cena, modos de percepção e fabulação de várias matrizes cognitivas e performáticas africanas e afro-brasileiras" [incluo a literatura, o teatro, o cinema...].

27 TUPINAMBÁ, Anápuàka. "O tempo espiralar: comunicação ancestral indígena em um mundo de algoritmos". Disponível em: https://radioyande.com/o-tempo-espiralar-comunicacao-ancestral-indigena-em-um-mundo-de-algoritmos/.

Tais iniciativas ao fazerem o tempo dançar, na mesma medida em que dançam nele, além de conferir visibilidade ao invisível, auferem uma ontologia em que "poder ser na ancestralidade é poder ser na sacralidade de tudo que nos envolve".[28]

Inevitável, nesse particular, a menção do Tempo enquanto Orixá, que respeita o fluxo e o ritmo natural de tudo que existe, sem impor cronômetros para isso ou aquilo com vistas à produção capitalista. O tempo de Iroco é espiralar, porque não percorre os trilhos da linearidade, mas diviniza tudo o que nos envolve, abarcando passado, presente e futuro como índices que se grafam no corpo, para assim produzir símbolos infindáveis de memória. Tempo é Templo e o corpo é território de muitos lugares, como concebe a tradição negra nagô (Muniz Sodré). Se o corpo produz memória é porque o tempo espiralar se bifurca na nossa pele. Segundo Ngugi wa Thiong'o:

> [...] nós que estamos no presente somos todos, em especial, mães e pais daqueles que virão depois. Reverenciar os ancestrais significa, realmente, reverenciar a vida, sua continuidade e mudança. Somos os filhos daqueles que aqui estiveram antes de nós, mas não somos seus gêmeos idênticos, assim como não engendraremos seres idênticos a nós mesmos. [...] Desse modo, o passado torna-se nossa fonte de inspiração; o presente, uma arena de respiração; e o futuro, nossa aspiração coletiva.[29]

No rastro de Ngugi wa Thiong'o, recuperemos a perspectiva que orienta a noção de estética deste livro: na dobradinha inspiração/respiração reinventamos a cada uma de nós, na mesma medida em que ofertamos ao mundo gestos de beleza por meio do exercício da alteridade. Nossa aspiração coletiva é que o tempo espiralar reatualize, na carne do corpo, a tríade começo-meio-começo, já que, evocando mais uma vez Leda Maria Martins, tempo e memória são imagens que se refletem.

---

28 MARTINS, Leda Maria, op. cit., p. 67.

29 THIONG'O, Ngugi wa. *Writers in Politics, A Re-Engagement with Issues of Literature and Society*. Oxford: Nova York: Boydell & Brewer, 1997, p. 139 [tradução da autora].

Alinhavando questões disparadoras

- Qual mundo você quer imaginar?
- Como pensar e fazer política cotidiana, por meio da imaginação?
- Como criar nossos castelos imaginários, como fez Carolina Maria de Jesus, para que possamos abrigar nossos sonhos e anseios?
- Como você se vê no tempo espiralar de Leda Maria Martins?
- Quais os desafios que o tempo linear impõe para seu trabalho?
- De que forma você gesta o tempo em sua vida pessoal?

PARTE III

POR OUTRA PLATAFORMA DE LINGUAGEM, POR OUTRO SISTEMA DE TROCAS

1 As trocas comunicativas, a poética da relação

> *Na medida em que havia um intercâmbio entre mercadores e africanos, chefes, mercadores também, havia uma relação escravo/escravo como também de intercâmbio, uma change. Essa troca era do nível do soul, da alma, do homem escravo. Ele troca com o outro a experiência do sofrer. A experiência da perda da imagem.*
>
> Beatriz Nascimento no filme *Ôrí*

Depois de buscar fundamento/assentamento no jardim de nossas mães, este capítulo procura apresentar parte da colheita que se encontra no cesto dos imaginários emergentes e nas formas como eles vêm se apresentando na cena contemporânea, oferecendo novas rotas para outra prosa do mundo. O trançado desses cestos se assemelha ao livro *A maravilhosa trama das coisas*, de autoria de Robin Wall Kimmerer, bióloga e integrante da nação indígena Potawatomi.

Kimmerer nos ensina que consciência ecológica anda junto com uma troca recíproca, respeitosa e equilibrada entre os seres humanos e todas as outras formas de vida no planeta. O balaio no qual depositamos nossas vivências, que não permanecem inertes mas sempre em movimento, não é um balaio de gato, mas um trançado organizado que se desprende de um anseio compartilhado em celebrar os dons, as dádivas.

Este capítulo é cerzido, em grande medida, com o arsenal de Beatriz Nascimento, num emaranhado de fios e linhas que não se romperam com o tempo. Os fios e as linhas do tear de Beatriz são produzidos com algodão glacê (matéria-prima africana), fio resistente e macio frequentemente utilizado em pipas grandes que riscam o céu, desafiando os ventos fortes. Vale dizer: a resistência do algodão glacê não machuca nem fere as mãos, como é o caso do náilon e do barbante, o que qualifica o trabalho de Beatriz na estirpe do cuidado e da cura.

Antes de contracenar com a mulher dos fundamentos no campo da linguagem e da comunicação, é recomendável uma síntese de sua inscrição no mundo. Sergipana de Aracaju, Beatriz Nascimento traçou uma trajetória multifacetada, pluriversal, fazendo incursões nos diversos domínios da linguagem. Além de ter se tornado referência obrigatória para a concepção expandida de quilombo (quilombo como metáfora do devir negro da insurgência e da transformação), o que não é pouca coisa, Beatriz arregimentou no território do ativismo *stricto sensu* e da reflexão teórica um universo estético povoado de várias matrizes discursivas: poemas, contos, escrita jornalística, produção de filmes, textos orais. Esse trançado de códigos e materialidades significantes não foi apenas correia de transmissão, veículo com o qual Beatriz se colocava no mundo. Antes, foram categorias fundantes de uma mulher negra prolífica que se permitiu atravessar fronteiras, fazendo da Linguagem com L maiúsculo o desfiladeiro em que se fez sujeita, percorrendo o rastro e o traço de Lélia Gonzalez, bell hooks, Mundinha Araújo, Adélia Sampaio, entre tantas outras mulheres negras.

De fato, a nossa mestra é transatlântica, como costumava dizer, e, nessa condição, comandou diversas rebeliões dos imaginários. Igualmente rebelde, Beatriz Nascimento construiu um saber heurístico e um método capazes de dar legibilidade, num jogo de *transparência* e *opacidade*, ao mundo afrodiaspórico no Brasil.

O binômio transparência e opacidade, do qual Nascimento nutre-se para que o corpo-bailarina, o corpo memória não seja devorado inteiramente pela fome insaciável do colonialismo, vincula-se às ideias do pensador martinicano Édouard Glissant para quem o termo opacidade não possui o mesmo sentido que a tradição ocidental lhe confere, pois não se refere à falta de luz, mas à capacidade de um povo ou uma civilização manter a sua própria essência, impedindo que a tradução e a decodificação da lente hegemônica do Ocidente devasse as cosmopercepções que lhe são inerentes.[1]

Glissant defende, para os povos dominados, o exercício do direito à opacidade, pois, quase sempre, a transparência procura jogar visibilidade sobre esses povos não para garantir a existência autônoma, mas para controlar, desumanizar, violentar, criar linhas divisórias entre "civilizados" e "bárbaros". O olhar colonizador jogou luz sobre o "Novo Mundo", literalmente, sob essa ótica, como descrevo mais à frente, o que faz com que Castiel Vitorino Brasileiro e Jota Mombaça nos provoquem.

À medida que caminhava por sendas aparentemente longínquas, Beatriz Nascimento foi desobstruindo a trilha de um pensamento dissidente, que se convertia em aposta para dar vazão às novas incidências imaginárias (para Pascal, todo pensamento verdadeiro é uma aposta). O filme *Ôrí*, que adotarei como o paradigma de instauração de novos imaginários no cinema e na vida coletiva, resulta de um processo intenso e profundo de desobstrução desses pensamentos, mostrando-se proficiente em se fazer, ao mesmo tempo, visível e opaco, buscando de forma coextensiva viver a vida dos habitantes do Atlântico, ouvir-lhes a palavra, aprender-lhes o segredo, cogitando outro regime de visibilidade.

Na condição de criadora de novos limiares que não cessam de se expandir, Beatriz Nascimento imaginou e construiu mundos paralelos que abrigam seus/nossos sonhos e projetos. Palmilhar os seus caminhos é (re)visitar temas recorrentes nas suas várias inscrições/filiações na cena do seu tempo, que é de todos os tempos.

Dito isso, contracenar com Beatriz Nascimento, por meio da epígrafe deste capítulo, exige "pegar a visão" das diversas camadas analíticas que moldam este texto, requer destreza no manejo das chaves que acessam, parcialmente,

1 GLISSANT, Édouard; Costa, K. P.; Groke, H. de T. "Pela opacidade". Revista *Criação & Crítica*, n. 1, 2008, pp. 53-55.

sua forma de pensar e agir. Arrisco aqui apontar-lhe alguns postulados essenciais que integram um programa amplo acolhido no quintal da psicanálise, da antropologia, da política, dos estudos da linguagem e da cultura.

Tais tópicos podem ser sintetizados da seguinte forma: 1) a produção de identidades se dá por meio da projeção de imagens (a afirmação já se tornou banal, mas não para quem teve o exílio como horizonte de existência); 2) esse processo de coadunação, de coalescência (imagem/identidade) sofre uma fratura, a princípio, irreparável porque na relação escravo/escravo a perda da imagem já estava dada, impedindo ou adiando a realização de algo; 3) esse algo que não se realiza cria um abismo nessa troca, que só pode ser exercida na condição de perda, a perda da imagem.

Perder a imagem de si significa, entre tantos crimes cometidos pelo regime colonial escravagista, ser vítima da ação dolosa que tentou nos reduzir a nada, pois, como destaca Beatriz Nascimento, além da troca mercantil, que visava o uso indiscriminado do *corpo*, o intercâmbio se deu no mais íntimo, no nível da *alma*, o que fez da comunicação um circuito de expressões não verbais que abrigaram experiências dolorosas nas quais algumas foram metamorfoseadas em dor e beleza, como venho repetindo. Deixar Beatriz Nascimento fora do radar dos estudos e teorias do campo da comunicação é o flagrante do nosso déficit cognitivo dinamizado pelo racismo.

Para ecoar mais uma vez Lélia Gonzalez, "Cumé que a gente fica?" Como pensar a comunicação, que supõe uma troca transferencial, nessa fabricação de ausência forjada pelo exílio? Sabe-se que o processo da relação implica a posse de algo para permutar. Refiro-me à troca transferencial nos termos que Muniz Sodré imprime ao papel da comunicação que se materializa na tríade emissor-mensagem-receptor (E-M-R), afetada na contemporaneidade pela tecnomediação ocidental que transfigurou o modelo E-M-R, submetendo-o a uma lógica de instantaneidade, em que o paradigma da conexão, que patrocina a circulação de narrativas em escala global, converte a todos nós em *prosumer* (quem assume simultaneamente os papéis de produtor e consumidor de textos).[2]

O mercado de Exu nos abriga em um território no qual a comunicação não se reduz nem se confunde com os intercâmbios que se sucedem na velocidade de um raio, muitas vezes destituídos de sentido e que só se realizam no âmbito da *midiatização*. Senhor dos mercados e das trocas, Exu é o facilitador da comunicação e do movimento, equilibrando as balanças dos mundos físico e espiritual, pondo em movimento a *mediação*. O mercado de Exu não se circunscreve tão somente a um espaço físico, palpável, mas a um sistema de relações e intercâmbios onde a troca é fulcral para a harmonia e o equilíbrio, num espaço fundante de cognição e afeto que se instaura no gesto da troca.

Retomo aqui a ideia de dádiva/dom desenvolvida por Marcel Mauss no texto "Ensaio sobre a dádiva".[3] Nele, Mauss detém-se na tarefa de descrever as relações de reciprocidade, escavando as origens humanas da troca e dissecando a lógica econômica e social das sociedades de reciprocidade. Entre observações sobre o texto, destaco a condicionante assinalada pelo autor: para poder ofertar, é necessário produzir, e a produção está subordinada à doação, o que demonstra a dinâmica de uma economia com princípios inversos às da economia de troca ocidental, da mera troca mercantil. A tríplice obrigação *dar-receber-retribuir* é o traço universalizante da dádiva.

Voltemos a Beatriz. Na troca entre escravos, expressão que ela utiliza, a experiência do exílio é, concomitantemente,

---

2 Somos testemunhas de que o sistema midiático passou por substantiva mudança de paradigma: da *lógica da radiodifusão* e de *distribuição*, que predominou durante todo o século passado, migramos para uma fase em que o controle sobre a produção e a distribuição já não dependem dos grandes conglomerados, permitindo o engajamento efetivo das audiências. Os paradigmas da *conexão* e da *circulação*, forjados pelo novo estágio do capitalismo, ganharam aderência irreversível. O velho modelo um-para-todos (poucos veículos distribuindo informação para uma gama abrangente de pessoas) subverteu-se, e diversos arranjos tornaram-se possíveis: um-para-um, todos-para-um, com informações brotando de múltiplos focos. Ver: BORGES, Rosane. "Perfil de uma presidenta em 3D (descompensada, desequilibrada, descontrolada): IstoÉ sexismo e misoginia!" Disponível em: https://blogdaboitempo.com.br/2016/04/05/perfil-de-uma-presidenta-em-3d-descompensada-desequilibrada-descontrolada-istoe-sexismo-e-misoginia/.

3 MAUSS, Marcel. "Ensaio sobre a dádiva: forma e razão da troca nas sociedades arcaicas". In: *Sociologia e Antropologia*. v. II. São Paulo: Edusp, 1999.

o material permutado e o horizonte simbólico em que ele perfaz um circuito das faltas que labuta para cavar outras faltas. Ora, se definir-se é contar-se (Ricoeur), se a identidade só pode ter uma forma narrativa, é porque não há comunicação que parta do nada para lugar algum, pois quando nos comunicamos trocamos algo com o outro, mesmo que esse algo venha envelopado na forma do Mistério (como defende Emmanuel Levinas). Esse algo nos dá régua para dimensionar o que somos, ou quem acreditamos ser, pois é no contato com o outro que me configuro na condição de EU. O problema da comunicação e da imagem na ambiência escravagista parece, dessa maneira, muito mais grave do que a defasagem entre o enunciado e a enunciação, entre o dito e o dizer, porque se instala num antecedente que resulta em evasão existencial.

Escutar o que têm a nos dizer Édouard Glissant, o pensador da poética da relação, e Dionne Brand, a autora que pensa a diáspora pela estrada do pertencimento, pode ser uma boia de salvação frente a essa aporia posta no centro da sala por Beatriz Nascimento.

> A primeira escuridão foi ser arrancado do país cotidiano, dos deuses protetores, da comunidade defensora. Mas isso ainda não é nada. O exílio é suportável, mesmo quando ele fulmina. [...]
>
> O aterrorizante vem do abismo, três vezes amarrado ao desconhecido. Uma primeira vez inaugural, quando você cai no ventre da barca. [...]
>
> O segundo abismo é o insondável do mar quando as regatas acossam o navio negreiro, o mais simples a fazer é aliviar a barca, atirando a carga ao mar, amarrada em balas de canhão. [...]
>
> A terceira forma do abismo projeta paralelamente à massa de água a imagem inversa de tudo o que foi abandonado, que, por gerações, só será reencontrado nas savanas azuis da lembrança ou do imaginário, cada vez mais desgastado.[4]

4 GLISSANT, Édouard. *Poética da relação.* Rio de Janeiro: Bazar do Tempo, 2021, pp. 29-31.

> Há mapas para a Porta do Não Retorno. A porta física. Os mapas, bem gastos, foram estudados por cartógrafos após cartógrafos, refinados desde a Geografia de Ptolomeu até fotografias orbitais e imagens de satélite do campo magnético. Mas para a porta do não retorno iluminada na consciência das pessoas Negras na Diáspora não há mapas. Essa porta não é mera fisicalidade. É um lugar espiritual. Talvez também seja um destino físico. E uma vez que partir nunca foi voluntário, o retorno era, e ainda pode ser, uma intenção, ainda que enterrada bem fundo. Não há, como se diz, um meio de acesso; não há retorno.[5]

Para Glissant, o exílio desgasta o sentido da identidade; o pensamento de errância, ao contrário, pode reforçá-lo, já que o errante nutre uma vontade de identidade por meio da busca de liberdade em um entorno: se é possível partilhar o imaginário da errância, as experiências dos exílios são incomunicáveis porque padecem com uma falta que lhes é constitutiva

A porta do não retorno, na letra de Dionne Brand, trancafiou nosso sentimento de pertencimento e identidades no território para o qual seria impossível o regresso em errância, ainda que a intenção pudesse ser cogitada e materializada. Os retornados foram testemunhos dessa intenção, embora fossem, em sua esmagadora maioria, escravizados libertos. Independentemente do estatuto, é preciso amplificar o que nos diz Dionne, pois o retorno não retornou com o mesmo, como se sabe: "o eterno retorno não pode significar o retorno do Idêntico, pois ele supõe, ao contrário, um mundo (o da vontade de potência) em que todas as identidades prévias são abolidas e dissolvidas. Revir é o ser, mas somente o ser do devir".[6]

Na contracorrente do pensamento que privilegia o idêntico, uma identidade que não muda, Gilles Deleuze considera que a repetição não supõe o retorno do mesmo, mas comporta, *per si*, um aspecto subversivo, transgressor.

---

5 BRAND, Dionne. *Um mapa para a porta do não retorno: notas sobre pertencimento*. Rio de Janeiro: A Bolha Editora, 2022, p. 15.

6 DELEUZE, Gilles. *Diferença e repetição*. São Paulo: Paz & Terra, 1995, p. 59.

A situação do *fort-da* (o para lá e para cá do carretel jogado pela criança na ausência da mãe) descrita por Freud também é emblemática para pensarmos no espírito renovador daquilo que retorna. Segundo ele, a ausência da mãe provoca uma situação faltante, para ambos, mãe e filho. O jogo que supõe o retorno do carretel ou da mãe não retorna com o "mesmo", trata-se de uma completude imaginária, nunca existida e, portanto, impossível de ser devolvida. A repetição/retorno seria a procura de um pleno suposto, jamais encontrado. Uma vez que não se devolve o mesmo, o que emerge dessa situação é outra coisa. Jacques Lacan nomeia essa operação de disco-corrente, pois o que gira está destinado, por seu enunciado mesmo, a evocar o retorno.

Assim concebido, o retorno (a reconexão com a identidade) pela porta que nos colocou para fora de casa deve ser visto como construção imaginária que vai sendo tecida *ad infinitum* numa cadeia aparentemente ininterrupta em que tentamos satisfazer nossas demandas e o impossível desejo. As narrativas, como tentativas, são sempre deficitárias, incompletas, posto que falam do inatingível, de uma parte inacessível (mas não faltante) que todos nós carregamos.

Em sendo transatlântica e rebelde, Beatriz Nascimento fez da falta afluência, operando o conceito de transatlanticidade de maneira diversa ao conceito corrente. Transatlanticidade, para ela, é a plataforma (uma mídia) que transportou para a América vidas reais e simbólicas, *corpus* biológico e cultural e, ao ser configurar como móbile, marca na pele de quem fez a travessia o *continuum* cultural de aglutinação (como dito no filme *Ôrí*), uma textura fundamentalmente heterocultural, que não é mais apenas a argamassa que deixamos na soleira da porta do não retorno. A transatlanticidade será, assim, o espaço da experiência, da fabulação, dos encontros e desencontros possíveis, da poética da relação e da reconfiguração da Política.

O Atlântico deixa de ser somente a extensão do imaginário da modernidade ocidental, por onde afundou parte da nossa civilização (corpos, ideias, culturas...), e passa a ser também um repositório de possibilidades que, em virtude da crueldade do sequestro, pode ser acionado para dimensionar a perda da imagem, do sofrer, do exílio daquelas e daqueles que suportaram todo o trajeto, alimentando-se da bagagem ancestral, até chegarem à terra firme. Esse dimensionar nos tira do campo da falta absoluta, ensina Beatriz.

Aí está um dos principais motivos pelo qual recuso dororidade como palavra do nosso vernáculo, uma vez que a experiência da dor resultou em outras reelaborações. Não se trata de recalcá-la. Ao contrário. Mas sim de dar vazão a um processo de metabolismo pela linguagem em que o que se sente é auscultado em outro aparelho no qual a experiência traumática da perda da identidade e da imagem leva à produção de um acontecimento que até hoje molda e dinamiza boa parte do planeta: a transatlanticidade afrodiaspórica.

Se, como ensina Jorge Larrosa Bondía,[7] a experiência não é o que se passa no mundo, muito menos é o que acontece comigo, mas sim o que eu faço com o que me acontece e me toca, os condenados da terra ofereceram para o mundo um acontecimento que se desdobra em camadas de memória que deslizam no tempo espiralar. Lançando a pergunta oportuna de Walter Benjamin, podemos sondar: "Que moribundos dizem hoje palavras tão duráveis que possam ser transmitidas como um anel, de geração em geração? Quem é ajudado, hoje, por um provérbio oportuno?"[8]

No mundo de trocas midiatizadas, o excesso de informação promove a antiexperiência, porque nos faz prisioneiros de um lugar pleno de vivências, que se anexam à vida particular do indivíduo sem produzir lastro coletivo. As redes sociais são o grande território compartilhado de *vivências* em detrimento das *experiências*.

---

7 BONDÍA, Jorge Larrosa. "Notas sobre a experiência e o saber de experiência". *Revista Brasileira de Educação*, jan.-abr./2002, n. 19. Disponível em: https://www.scielo.br/j/rbedu/a/Ycc5QDzZKcYVspCNspZVDxC/?format=pdf&lang=pt.

8 BENJAMIN, Walter. *Obras escolhidas: magia e técnica, arte e política*. São Paulo: Brasiliense, 1985, p. 114.

Perdemos a imagem constitutiva, mas restou o inacessível que carregamos, e esse inacessível, tal como a reserva de água no cérebro — a quantidade de líquido cefalorraquidiano presente no sistema ventricular e ao redor do cérebro, que atua como amortecedor e protetor —, nos ofertou um tecido para que colocássemos o nosso engenho a serviço de novas tessituras, porque tingido e bordado com as experiências do passado que se reelaboram no presente e possibilitam uma ideia de futuro, fora do ordenamento linear. Jurema Werneck sintetiza uma concepção de experiência para as mulheres negras:

> A gente é mulher negra, não mulher e negra. É uma experiência compacta, inteira e singular, que traz vários reflexos em nossa vida. Um deles é a exclusão que o racismo patriarcal produz. Somos colocadas à margem, vivemos na extrema pobreza, excluídas da sociedade, da educação, da saúde. Mas não é só coisa ruim. **Somos herdeiras de mulheres que lutaram e construíram a própria força. Temos como referência outras mulheres negras, que nos ensinam como somos capazes de resistir.**[9] [Grifos meus]

Beatriz Nascimento cavou, tal como em "Áporo", de Carlos Drummond de Andrade, possibilidades de sair da aporia, grafou no próprio corpo os conteúdos de um continente que atuam como memória viva e, assim, nos legou uma forma de experiência baseada em sucessivas transformações.

Áporo

Um inseto cava
cava sem alarme
perfurando a terra
sem achar escape.

9 WERNECK, Jurema. "Somos herdeiras de mulheres que construíram a própria força". *Brasil de Fato*. Disponível em: https://www.brasildefato.com.br/2020/02/01/jurema-werneck-somos-herdeiras-de-mulheres-que-construiram-a-propria-forca/.

[...]
Eis que o labirinto
(oh razão, mistério)
presto se desata:
[...][10]

Com *Ôrí*, a mulher dos fundamentos da linguagem, da comunicação e da estética lança os sons, as imagens, os sussurros, a dança do corpo que se dilata no tempo espiralar e as pedras da memória para que não desapareçam nas areias do tempo. Com *Ôrí*, Beatriz encontrou vários escapes. Dessa maneira, restitui a imagem perdida, pois, segundo a própria Beatriz, o "grande drama brasileiro, até mais grave que a questão econômica — reside no não 'reconhecimento do homem negro'"[11] (mais uma vez a imagem mostra a sua centralidade no pensamento de Beatriz), o que reclama por um investimento na denúncia e na transformação, arregimentando ferramentas que não sejam somente aquelas extraídas caixa tradicional da política.

A historiadora das sensibilidades profundas tinha presciência de que memória é luta, é trabalho que a dimensão temporal não pode erodir como se fosse um castelo de areia, já que a voracidade do tempo está sempre disposta a engolfar aquilo que soa estranho a ele, jogando-lhe uma visibilidade que não labora para emancipação. Tal voracidade avança ainda mais impiedosamente sobre as obras onde "não há mais sequer um escritor para lembrar como se soletrava o título, o nome delas, pois é a escrita que relembra. Sem escritor para transmitir sua lembrança, [as obras dos pintores] ficaram desconhecidas da posteridade".[12] O amor que Beatriz Nascimento declara ao mar e a todas as metáforas que dele decorrem não é fortuito, porque insere a pensadora num ambiente em que a experiência do exílio é a unidade plural

10 ANDRADE, Carlos Drummond de. *A rosa do povo*. São Paulo: Companhia das Letras, 2012, p. 45.
11 Depoimento de Beatriz Nascimento no filme *Ôrí*.
12 DIDI-HUBERMAN, Georges. *Diante da imagem*. São Paulo: Editora 34, 2013.

(o oxímoro é só aparente) que nos fez povo e com a qual, com esse quase nada, pudemos restabelecer o sistema de trocas e de comunicação, em novas bases e princípios.

Conforme costumava lembrar Lélia Gonzalez, "Joaquim Nabuco já disse que a África civilizou o Brasil porque lhe deu um povo..."[13], e fomos forjados nesta condição à revelia dos contornos do liberalismo europeu, uma vez que o povo ao qual se refere Lélia Gonzalez, na esteira de Nabuco, não se vincula à concepção de uma unidade politicamente conformada, mas a uma síntese que tem na diáspora negra um discurso fundante que remodelou a subjetividade coletiva. (Eis a dimensão da experiência gritando presente.) A capacidade de remodelar uma subjetividade coletiva se dá em virtude de um compartilhamento contínuo, que legou tradição e deu base para que o resultado desse compartilhamento fosse a pedra angular que ofereceu solidez à fachada e aos pilares da nossa morada coletiva, pois, segundo Glissant,

> essa experiência fez de você, vítima original flutuando nas profundezas do mar, uma exceção, ela passou a ser comum por fazer de nós, os descendentes, um povo entre outros. Os povos não vivem de exceção. A relação não é de estranhezas, mas de conhecimento partilhado. Podemos dizer agora que essa experiência do abismo é a coisa mais bem trocada.
>
> Para todos nós, sem exceção, e mesmo quando mantemos o afastamento, o abismo também é projeção e perspectiva de desconhecido. Para além de seu precipício, nós jogamos sobre o desconhecido. Tomamos o partido desse jogo do mundo, o das Índias renovadas, o qual interpelamos, o dessa Relação de tempestades e de calmarias profundas onde honramos nossas barcas.[14]

Quando escava e habita os quilombos geográficos e simbólicos, é como se Beatriz estivesse tomada por uma febre

13 GONZALEZ, Lélia. "Prefácio a Cadernos Negros 5". *Cadernos Negros 5*. São Paulo: Edição dos Autores, 1982, pp. 3-6.

14 GLISSANT, Édouard, op. cit., p. 33.

criativa, por uma experiência intensa do abismo que se torna a coisa mais bem trocada, como disse Glissant; esta experiência honrou nossas barcas de salvação, que seguiram sempre abertas à espera da constituição de nossa identidade: "onde estou, estou; onde estou, eu sou", vaticina Beatriz Nascimento. Flagramos aqui uma forma de antecipar mundos e tempos e de gestar reflexivamente uma noção de sujeito.

Algumas homologias podem ser feitas entre o pensamento de Beatriz e as reflexões destinadas a pensar a vida, o indivíduo e a política. Destaco o golpe de mestre que a pensadora-matriz desfere no sintagma cartesiano "Penso, logo existo", que sofre uma torção irremediável, pois a existência para nós, os exilados, reclama por um território (o quilombo), por um espaço da Nação no qual devemos tomar parte enquanto povo e, assim, refigurar o que somos e responder provisoriamente à pergunta de Caetano Veloso, na poética "Cajuína": "Existirmos: a que será que se destina?".[15]

Tal como fez Jacques Lacan, com o "Penso onde não sou" (o sujeito não se identifica com seu próprio pensamento, mas sim com o inconsciente, o lugar onde ele não se pensa), Beatriz empreende um giro fundamental para a emergência do eu negro diaspórico na cena do mundo, que se faz e desfaz por meio de trocas, do uso dos códigos linguísticos (visual, sonoro, oral etc.), ofertando-nos, desse modo, novos arranjos para se pensar e instituir o sujeito, a linguagem e praticar a comunicação em outra moldura.

Com Beatriz Nascimento, quem sabe, podemos anunciar o "Penso, logo estou", avizinhando a este enunciado as rupturas que Denise Ferreira da Silva e Leda Maria Martins promoveram. Como se viu, ambas decretaram a dissolução do sujeito racional moderno talhado pelas categorias de separabilidade, autodeterminação e linearidade temporal, o que nos encoraja a tecer uma tela em que o eu-nós,

---

15 "Cajuína" é música de autoria de Caetano Veloso. Foi criada em homenagem ao poeta tropicalista Torquato Neto, amigo que faleceu tragicamente. Ao visitar a família de Torquato no Piauí, o pai do poeta ofereceu cajuína a Caetano.

no abecedário de Leda, sejamos o paradigma subjetivo de nossas existências.

Desse modo, *memória* e *experiência* estão medularmente vinculadas e dão fundamento às práticas do eu-nós que buscam hoje, como ontem, evadir dos processos de expropriação e captura que tentam fazer das vivências uma plataforma de comoditização incessante: "Talvez a fuga seja uma consequência cultural e ancestral", cogitou Beatriz Nascimento, que reabre belamente os trabalhos que reposicionaram o lugar do sujeito no tempo e na história.

— • —

No rastro de Beatriz Nascimento, que examinou a materialidade imagética-memorial, Tiganá Santana vai propor uma deserção do reino das imagens, já que houve perda de imagem no processo de troca entre escravizados. O filósofo chega ao veredito de que é preciso deixar de lado *o que se vê*, abandonar a ideia de centralidade da imagem, para inserir na esfera da sensibilidade outras formas de sentir — por meio da audição, do tato e de outros dispositivos sensoriais.

Com base na sentença congo *Wa i mona*, que significa "ouvir é ver", Tiganá produziu uma instalação artística chamada *Perder a imagem*, realizada no Itaú Cultural, em São Paulo. Nela, compôs algumas frequências sonoras para que o público fosse estimulado a interromper cotidiano e abrir espaço para experimentar outros modos de percepção, de onde é possível erigir o novo.

Concordo parcialmente com Tiganá quando, em detrimento da imagem, convoca outras linguagens para pontilhar os caminhos da diáspora. Não há dúvida de que precisamos abrir passagem para outras formas de comunicação e expressão, principalmente a da escuta, que só acontece quando decidimos politicamente por ela. Não esqueçamos: por motivo misterioso ouvimos George Floyd, e por isso o brutal assassinato de um homem negro sacudiu o planeta, já que afetou a todos naquilo de mais profundo que nos habita, onde o imperecível do inominável, ou seja, onde o regressivo que não expira, continua conduzindo práticas violentas. Tal como a morte de Floyd, os onze tiros de Costa Barros e o feminicídio, especialmente contra mulheres negras. É preciso puxar as rédeas dos argumentos que desconsideram o papel da imagem no processo de emancipação do eu-nós, sem que seja necessário ser submetido ao julgamento da existência comandado pelo Ser da filosofia ocidental. A propósito, Sueli Carneiro apontou como a instauração do Ser ocidental manejou a lógica da separabilidade, da qual fala Denise Ferreira da Silva: estabelecendo linhas divisórias entre quem poderia ascender ao estatuto ontológico e quem não poderia alcançar esse estágio.[16]

Do ponto de vista psicanalítico, segundo Maria Homem, "é a escuta que sustenta o silêncio, que acolhe o que ainda não tem nome e que permite que o sujeito emerja". Os exilados, os que tramaram as fugas, os que resistiram, os que formaram para que este país pudesse se constituir como Nação, somos herdeiras e herdeiros de uma civilização alérgica a hierarquias de linguagens, mobilizamos materialidades discursivas que nos fazem perceber o mundo numa plataforma na qual há coexistência e não exclusão, como fez a civilização ocidental (pelo menos desde Platão as estratificações da linguagem laboram para estabelecer diferenças hierarquizantes entre as formas de expressão e comunicação).

Recorramos, mais uma vez, a Oyèrónkẹ Oyěwùmí, referência no assunto: para a socióloga, o Ocidente tomou o olhar como o principal sentido, colonizando e subalternizando por meio da visão, convertendo corpos não brancos em mercadoria (retomarei a essa questão). Na Nigéria pré-colonização, diz Oyěwùmí, o sentido mais importante era a audição, o processo de escuta se dava por meio da transmissão entre gerações. As investigações de Oyěwùmí possuem, como já disse, força diamantina para combater a violência

16 Essa demonstração se configurou na já citada tese de doutorado que Sueli Carneiro defendeu na Faculdade de Educação da Universidade de São Paulo em 2005.

dogmática que soterrou formas de leitura e de compreensão do mundo postas à margem da civilização ocidocêntrica.

A filósofa e linguista Julia Kristeva não nos deixa esquecer que povos antigos tinham uma relação mágica ou mítica com a linguagem, a concebiam como uma substância e uma força material, pois falar era integrar o universo. A língua era vista como um elemento cósmico e natural, não havia separação entre signo e referente, significante e significado. Nem sempre a Grécia, mas invariavelmente um grego, e foi lá, no mundo grego, que o corte foi realizado, separando o que era indistinto para povos não ocidentais: a *linguagem* e o *real*.

Se ouvirmos Beatriz Nascimento, constataremos ser necessário estabelecer outra relação com a imagem e que é preciso questionar o estatuto contemporâneo que lhe dá suporte e faz dos signos e ícones objetos a serviço do capitalismo algorítmico. Essas tarefas nos inserem em rota na qual as questões raciais engendradas nas formas de comunicação e expressão podem auxiliar na compreensão dos processos de retroalimentação do racismo no nosso tempo, no sistema nervoso digital, já que a imagem técnica se tornou uma operadora da perda da imagem, no sentido mobilizado pela pensadora. Decididamente, somos banhados nas imagens que se põem à nossa frente e com elas redefinimos as identidades fluidas que nos habitam. Lembremos: a etiqueta "civilização da imagem" já serviu para dar conta dessa realidade.

Não se trata de repetir o que fez a lógica ocidocêntrica, colocando a imagem num pedestal, mas de confrontá-la mais e mais. Trata-se de ouvir o eco prolongado da questão colocada por Beatriz que envolve uma discussão infindável, que não envelhece.

Antes de prosseguirmos com nossas preocupações, é necessária a explicitação de alguns postulados que presidem a discussão aqui conflagrada: o primeiro deles diz respeito à presença incisiva dos dispositivos de imagem em nossas vidas. Tornou-se corrente dizer que, em tempos de inegável supremacia da técnica, inundados de rápidas transformações, a *cultura das mídias*, capitaneada pelos ritmos das redes sociais, instaura novas formas de sociabilidade. É evidente que o repertório de temas que circulam no tecido social é fornecido pelos suportes de imagem. Vivemos numa época marcada pelas tecnologias do visual com imagens de vários matizes hiperpovoando o mundo.

Que as mídias, incluam-se aí as redes sociais, converteram-se em vetor constitutivo da realidade é fato incontornável; que são responsáveis por organizar a agenda de debates, definindo as prioridades temáticas que incidem no espaço público, ninguém mais duvida. Não é sem propósito que anotações de pesquisadoras de diversos canteiros teóricos convergem para uma constatação inevitável: com o enfraquecimento de instituições e discursos antes ordenadores do tecido social, os sistemas de informação, hoje sob o domínio das *big techs*, infundem-se como protagonistas na promoção de laços sociais, de partilha, porque agenciadores dos regimes de visibilidade (ou visualidade?) em voga.

Uma vez que o imaginário se faz e desfaz apoiado por — e apoiando — regimes de imagem (padrões visuais que se tornam hegemônicos), um dos desafios centrais deste livro é avaliar como tais regimes laboram para manter ou romper com o rebaixamento e a destituição. Sigo os passos de Toni Morrison, em relação ao papel da linguagem e da imagem, pois para ela

> as fontes que temos à nossa disposição para o acesso gentil uns aos outros, para transpor o mero ar azul que nos separa, são poucas, porém poderosas: a linguagem, a imagem e a experiência, que pode envolver ambas, uma ou nenhuma das duas primeiras. A linguagem (dizer, escutar, ler) pode incentivar, ou mesmo exigir a entrega, a eliminação das distâncias que nos separam, sejam elas continentais ou apenas um mesmo travesseiro, sejam distâncias de cultura ou as distinções e indistinções de idade ou gênero, sejam elas consequências da invenção social ou da biologia.[17]

17 MORRISON, Toni. *A origem dos outros: seis ensaios sobre racismo e literatura*. São Paulo: Companhia das Letras, 2019, p. 32.

2 O que é a imagem, afinal?

É preciso a imagem para recuperar a identidade. Tem-se que tornar-se visível, porque o rosto de um é o reflexo do outro, o corpo de um é o reflexo do outro e em cada um o reflexo de todos os corpos. A invisibilidade está na raiz da perda da identidade; então, eu conto a minha experiência, e não ver Zumbi, que para mim era o herói.

Beatriz Nascimento no filme *Ôrí*

Inteligência artificial, filtros, infografia, pixel, não linearidade, tecnoimagens, holografia, sintetizadores, fractais, imagens-máquina... Essas atribuições conferem à imagem um estatuto mutante, fazendo com que o termo se desloque em areia movediça: quando pensamos ter capturado o imagético em algum domínio plausível, a sua face já se desenha em outro lugar. Com efeito, a especulação nos faz girar num vórtice de possibilidades e perturba os quadros de inteligibilidade com os quais estamos habituadas a designar o mundo.

Não há, nunca houve, imagem inocente, posto que dispositivos visuais se vinculam à perspectiva de mundo que os torna possíveis por meio de padrões imagéticos, sedimentando um léxico que fornece os elementos dos sistemas de visualidades e das ordens de representação para pintar os quadros sobre os quais nos movemos. Se é preciso a imagem para recuperar a identidade, como insistiu Beatriz Nascimento, como podemos reposicionar conceitual e politicamente o papel do dispositivo imagético na tarefa de outros agenciamentos do sujeito?

Para além das utilizações nos sistemas midiáticos, telemáticos e museais, a imagem compõe um lastro para a própria história da humanidade e das várias civilizações (antes dela, só o som figurava como meio de expressão).[18] Afrescos, pinturas, gravuras e, mais recentemente, fotografias, filmes, vídeos e imagens de síntese compõem um patrimônio imagético no qual podemos entrever o manto carcomido de um mundo em frangalhos. Por imagem de síntese compreende-se a imagem infográfica ou computacional produzida por meio da síntese de matrizes numéricas, de algoritmos e de cálculos algébricos. A imagem de síntese é, por definição, virtual porque não depende da existência prévia do objeto representado (o referente).

Caso tomemos a raiz etimológica de imagem, *imago*, do latim (representação visual ou mental de uma pessoa ou de um objeto) e *eikon*, do grego (aquilo que aparece, abrigando vários sentidos), já temos uma pista de como a imagem de grupos historicamente discriminados foi gerida pelos quadros de referência que nos excluiu da sua moldura. Nesses percursos de sentido se avolumam registros visuais que destituíram corporeidades não brancas porque os processos de identificação beberam de reflexos de imagem que não projetaram sequer a sombra dos que foram excluídos.

Se fôssemos seguir o fio linear da história das imagens no mundo ocidental como um catálogo ordenado, talvez o ponto de partida dessa linha do tempo seria o ataque de Platão às imagens, passando pelo mundo egípcio e sua vocação em mesclar arte e questões religiosas, de forma a legar um patrimônio vastíssimo de imagens com altíssimo valor. Em linhas gerais, a imagem se vinculou à magia e à religião, à vida e à morte, às comunidades e à cosmologia, compondo um sistema de correspondências simbólicas na ordem cósmica e social. Afrescos, túmulos, cerâmicas; a idolatria católica e a pintura de reis e rainhas, que buscavam pelas

18 Alguns estudiosos afirmam que a música e o canto podem ter surgido meio milhão de anos antes da fala.

imagens representar o poder e firmar uma aura cerimonial constituem apenas uma parte da história das imagens que nas civilizações africanas tiveram outras camadas de produção e recepção. Desde os desenhos rupestres nas paredes da Namíbia, da Ásia ou de Lascaux até as efêmeras produções digitais, a imagem comparece assiduamente nas formas de projeção individual e coletiva, contribuindo para compor a obra do mundo. (Lembremos Aimé Césaire: a obra do mundo não está acabada.)

A superabundância de "dispositivos do olhar" torna o mundo legível porque visível; irrevogavelmente, memes, *posts*, *reels*, *stories*, jornais, revistas, *outdoors*, *busdoors*, telas digitais tornaram-se parte indissociável e marca fundamental da paisagem cotidiana, nos enredando em suas malhas, nos capturando. Persuadido por fluxos e refluxos do sistema nervoso digital, o ser humano investe-se de obrigações impostas pelas redes sociais, geralmente eximindo-se de interrogá-las.

A retórica visual do nosso tempo quer ser monolíngue, embora junto a esse monolinguismo da imagem se aninhem palavras, textos e outros recursos que favorecem o palavrório na aldeia global de falastrões, açulados diuturnamente pelos aplicativos de mensagens, como WhatsApp e Telegram, que são alérgicos ao silêncio.[19] O termo "palavrório" é emprestado de Heidegger e se refere ao discurso cotidiano, vazio e superficial, que se contenta com repetições e informações superficiais, em contraste com a fala autêntica e aprofundada. É um modo de ser do discurso que impede a compreensão autêntica da existência e do ser. Ou seja, o palavrório supõe sujeitos falantes sem fala.

A profusão de imagens e de falantes sem fala corresponde a uma época desregulada, saturada, hiperbólica, transbordante. Desde o nascer ao pôr do sol as imagens demandam nossa atenção; antes tínhamos que "sair" para contemplar as

---

19 Nas culturas africanas o silêncio não é apenas ausência de som, mas uma forma de comunicação com significado próprio, muitas vezes tão importante quanto a própria palavra. O silêncio é o lugar onde as palavras se encontram em gestação.

chamadas imagens naturais (sair para ver as estrelas, apreciar a natureza, os objetos de arte); hoje não, são elas, as imagens, que chegam até nós de maneira excruciante, somos assaltados por dispositivos imagéticos de vários modelos, o que faz com que o uso do termo (imagem) implique algumas delimitações.

A despeito de ter surgido bem antes de *A galáxia de Gutenberg*, o campo de reflexão sobre a imagem só veio a se consolidar no século XX, com a sedimentação do dispositivo maquínico no campo da produção visual. É nesse período que se reivindica um campo epistemológico denominado cultura visual, no qual convergiram antigos saberes genéricos e dispersos. Os reordenamentos e redimensionamentos da sociedade e o intenso fluxo de informações apressaram a emergência de uma gestão da imagem que pudesse reunir *arte*, *ciência* e *tecnologia*.

A presença de novas e velhas tecnologias favoreceu outra ordem epistemológica, graças às imbricações da sociedade hipertecnificada que confere à imagem uma função nuclear. A dimensão imagética não é apenas mais um elemento que dinamiza a prática social, mas é *o elemento* que possibilita o movimento do mundo nos moldes que se nos apresenta.

É certo que esse mundo foi gestado em tempos bem anteriores ao nosso. Já no Quattrocento, as máquinas do visual são construídas para conceber e fabricar imagens dos pintores/engenheiros. As construções ópticas do Renascimento (as portinholas de Albrecht Dürer, a *tavoletta* de Filippo Brunelleschi, a variedade de câmara escura [*câmara obscura*]), com o modelo perspectivista monocular sobre o qual estavam assentadas, marca uma época, a época do pictocêntrico e do fotocêntrico. Os eixos *maquinismo-humanismo*, *semelhança-dessemelhança* e *materialidade-imaterialidade* despontam com a dimensão maquínica da imagem, que passa a organizar a cena do mundo para o olhar.

O processo de feitura de imagens via máquinas já é, para o homem do Quattrocento, o coroamento de um exercício ancestral, desejo que hoje toma um vulto inaudito com as imagens técnicas alcançando um status de superioridade em relação às chamadas imagens naturais. Com a Inteligência Artificial, tal superioridade chega a ameaçar a habilidade humana de produzir incessantes modalidades de mediação. Nesse expediente, não tem como acionar Marx e Freud quando defendiam que as ciências sociais e a psicologia moderna tinham que lidar, pela via da crítica, com as questões do fetichismo e do animismo, com a subjetividade dos objetos, a pessoalidade das coisas. Sem antropomorfizar as imagens, a consideração de ambos nos redireciona para os nossos dias onde as imagens são convocadas para substituir ou até mesmo sepultar os gestos humanos.

Como examinar as imagens coloniais nesse contexto? Como elas persistem neste novo enquadramento? Quais as imagens que se insurgem a um regime de visualidade que é somente captura e por isso fulmina a visibilidade emancipatória? De que maneira construir outras ordens de representação e outros regimes de visibilidade?

Lançando mão da frase "toda imagem do poder funda-se sobre o poder da imagem",[20] do cientista político e sociólogo francês Dominique Colas, inquirimos: de que modo podemos tomar o repertório de imagens que circulam cotidianamente como um manancial para examinarmos tópicos como representação, identidade/identificação e poder? Em que medida as imagens subscrevem e reforçam os portadores de poder e os que são dele destituídos?

Como era de esperar, essa realidade põe em relevo dimensões-chave das mudanças de que somos testemunhas, tocando em cheio no coração daquilo que é designado hoje como poder e reconhecimento. É sobre isso que *Imaginários emergentes* lança algumas reflexões que fundamentam, em grande parte, o propósito deste livro.

---

20 COLAS, Dominique. *Sociologie politique*. Paris: Puf, 2006, p. 33 [tradução da autora].

3 Visualidade e visibilidade: poder, emancipação ou simples cooptação e reengenharia colonial?

O que se vê é o invólucro do que não se vê.

Tiganá Santana

Venho insistindo que o filme *Ôrí*, dirigido por Raquel Gerber, roteiro de Beatriz Nascimento, é uma matriz no campo da produção de imagens sobre negritude, porque, ao construir uma plataforma densa em que cruza as histórias da escravidão negra na diáspora, nas quais evidencia os modos de busca de autonomia, denuncia o racismo persistente e reatualiza os códigos culturais e estéticos, por meio de uma gramática de produção que afiança *visibilidade* e não apenas *visualidade*. O filme carrega os traços de uma forma arquetípica, que instala protótipos, com força estética e pedagógica para destronar os estereótipos e fincar o emancipatório na paisagem do nosso tempo.

Se a emergência de imaginários depende de como as histórias se fixam na cadeia discursiva, produzindo história e memória, temos com *Ôrí* um discurso fundante para que isso aconteça:

> O poder de uma cena estaria ligado ao poder de "produzir alterações no estatuto do visível, na maneira como olhamos as coisas e como nos movemos entre elas" [...]. Para isso, há várias maneiras de montar a cena, de descrevê-la e de coordenar todos os elementos a partir da voz de um narrador que tensiona polícia e política, ou seja, evidencia o conflito entre "dois modos diferentes de visibilidade concernentes às coisas que uma comunidade considera que devem ser observadas como

> importantes, e os indivíduos apropriados para observá-las, julgá-las e decidir sobre elas". [...] Sob esse aspecto, a montagem da cena necessita de uma "poética do conhecimento" capaz de aproximar e fazer coexistir diferentes discursos em uma relação de igualdade: ela produz um livre jogo entre textos, nomes, materialidades e racionalidades.[21]

Colocando em cena um corpo-documento (Beatriz Nascimento), um corpo-tela (Leda Maria Martins), que dança no tempo espiralar, *Ôrí* rearticula uma sintaxe, um léxico no qual se urde outra gramática de produção capaz de orientar as narrativas, sejam elas audiovisuais ou não. Bordando, costurando, tecendo, ou seja, montando cada cena, a película nos instala numa ambiência povoada por trançados de códigos e de formas narrativas capazes de alterar o estatuto do visível, como afirmou Rancière.

Antes de aprofundar as questões que envolvem minha defesa em relação ao caráter inaugural da estética de *Ôrí*, necessário aqui estabelecer diferenças substantivas entre *visualidade* e *visibilidade*, uma vez que existe uma fenda entre uma e outra, elas não são correlatas como nos quer convencer a lógica das plataformas digitais que nos seduzem para gestar a visibilidade em suas plagas, que muitas vezes resulta enganosa.

Todas as questões referidas nos itens anteriores têm a visibilidade como visada. A adoção do termo como espinha dorsal do livro nos leva a reflexões mais abrangentes em torno do ser visível, pois, conforme considera Muniz Sodré: "A visibilidade — o plano das aparências — não é um requisito simples, pois suscita os problemas do reconhecimento social e do valor humano. Logo, é uma questão de natureza ética".[22]

Embora discorde do termo "aparência" (prefiro aparição), a afirmação de Sodré precisa ser considerada sob várias óticas,

21 RANCIÈRE, Jacques; JDEY, Adnen. *O método da cena*. Belo Horizonte: Quixote+Do, 2021, p. 39.

22 SODRÉ, Muniz. "Liberdade de viver no espelho". Disponível em: https://www.observatoriodaimprensa.com.br/jornal-de-debates/_ed830_liberdade_de_viver_no_espelho/.

porque toca no coração daquilo que mais pulsa no tecido social contemporâneo. O que nos leva a afirmar que visibilidade inscreve e escreve a nossa aparição no mundo.

Tal inscrição/escrita concerne à possibilidade de a aparição nos permitir ingressar na cena do mundo, afetando e sendo afetadas por ela; visibilidade, e não captura, significa carregar algum traço do poder. A súmula "Ser é ser percebido", de George Berkeley, nos ensina que a existência de algo é inseparável da sua percepção. Se algo não é percebido, é impossível atestar sua existência, o que dá ao termo uma envergadura ontológica.

Desse modo, onde mora a diferença entre visualidade e visibilidade, já que ambas, aparentemente, possuem o papel de nos inserir na cena do mundo, que se tornou espetacularizada?

Pelo que já discutimos sobre a imagem, o visual é um suporte (seja natural ou artificial), um modo de estabelecermos relação com as pessoas e o nosso entorno. Visualidade supõe percepção, interpretação e significação, o que significa dizer que é um processo de mediação que é posto em marcha por meio daquele suporte (olho físico ou artificial). A visibilidade efetiva (insisto: não aquela na qual as redes sociais investem diuturnamente) depende de como essa aparição se dá na cena do mundo. Desse modo, podemos dizer que o fato de alguém ou algum objeto ascender nas malhas digitais ou em qualquer outra praça de visualidade pública não significa afirmar que alcançou visibilidade.

Geralmente caímos no canto das *big techs*, que nos induzem a subverter as fontes do *self*, como diz o título do livro de Charles Taylor.[23] Na obra, considerada uma das mais importantes do século XX sobre a formação da identidade moderna no Ocidente, Taylor traça as estruturas morais que moldam o "eu moderno", resultado de um longo processo de transformações culturais, filosóficas e morais. Destacando o aspecto da autenticidade de seus critérios de análise, o autor assinala

23 TAYLOR, Charles. *As fontes do self: a construção da identidade moderna*. São Paulo: Edições Loyola, 1997.

que o "*self*" autêntico (tornar-se verdadeiro a si mesmo) performa uma expressividade, priorizando sentimento e autorrealização. O mercado das visualidades hegemônicas se equipara a um *self-service*, no qual cada indivíduo se serve do que lhe aprouver para, ilusoriamente, ser curador de sua própria história, ter a sensação de pensar por si próprio e realizar seu próprio desejo. As definições de redes sociais foram atualizadas!

Se a visualidade concerne à plataforma de imagens dotada de materialidade, dinamizada por *percepção*, *interpretação* e *significação*, a visibilidade só é alcançada quando tal visualidade porta alguma legibilidade que não se encerra na autorrealização do indivíduo projetada no espelho de Narciso, mas faz da aparição um gesto que afeta o movimento do mundo, em suas micro e macrodinâmicas e cuja performance se dá no espelho de Oxum.

O paralelo entre Narciso e Oxum não é mero recurso retórico: sabe-se que Narciso representa a ideia de um ensimesmamento que não comporta o atravessamento do outro, pois ilude-se com a própria imagem refletida na água de tal forma que acredita que basta a si próprio. O reconhecimento em Narciso encerra-se nele próprio. Já Oxum, senhora da beleza e da vaidade, não se encastela em si mesma, pois vira o espelho (abebé), promovendo um processo de rebatimento por onde se aprende que reconhecer é contar com o outro, sem abrir mão do autoconhecimento e do próprio valor. A dobradinha identidade-identificação ganha nos gestos de Oxum outra dimensão capaz de nos catapultar ao território da visibilidade emancipada.

A essa primeira aproximação conceitual, algumas indagações despontam ao modo de um programa político que demanda ação: Como as mulheres negras se tornaram legíveis no sistema visual planetário e, particularmente, no Brasil? Como nos tornar visíveis numa cultura densamente visual? Como será possível estancar o fluxo que atua 24 horas nas malhas digitais, com narrativas — algumas ultrapassando milhões de visualizações — que, geralmente, só nos oferecem visualidade em troca da nossa subjetividade?

É preciso reposicionar as reivindicações no presente: não podemos apenas ceder às malhas digitais, reivindicando lugar ao sol; é preciso defender a construção de outros quadros comuns de referência, ou seja, devemos pleitear por códigos que sejam capazes de encetar sistemas de linguagem que propiciem a construção de arranjos de sentido e significação nos quais possamos ser reconhecíveis e reconhecidas como seres humanos.

Se o visual pode agenciar apenas simulacros da população negra (no sentido que Jean Baudrillard emprestou ao termo), isto é, imagens sem protótipos positivos e sem identidade, é preciso rechaçar políticas de aparição (a visualidade sem musculatura) que reforcem políticas de esquecimento (a invisibilidade), conforme assinalado acima. Aprendemos com o aforismo que o sol é de visibilidade total, visibilidade plena. O excesso de luz cega, assim como uma produção intensa e extensa do visual: o que muito se mostra, pouco se vê, já diz o ditado popular.

A visualidade hipertecnificada das mídias sociais ameaça inclusive o tempo espiralar porque só há presente contínuo, só o agora em densidade:

> Na sociedade da visualidade excessiva, passado e futuro parecem, em verdade, condenados à total invisibilidade. O que se dá a ver é uma intensidade visual absolutamente presentificada. Excesso rima aqui com anestésico. A cultura da visualidade, encantada pela força de externalização da produção imaginária, acaba colocando em risco parte de seu magma de subjetivação e de memória.[24]

Essa inflação de imagens que seguem um ritmo acelerado nos faz aprendizes de Glissant e de Beatriz Nascimento, com o papel de estender as lições dos mestres: ao mesmo tempo

24 ROCHA, Rose de Melo. "Cultura da visualidade e estratégias de (in)visibilidade". Revista *E-Compós*, dez. 2006, pp. 1-14. Disponível em https://www.e-compos.org.br/e-compos/article/view/115.

que precisamos manter a opacidade, como defende Glissant, nos protegendo da captura e da extração do capitalismo algorítmico nos forros do invisível, precisamos pleitear visibilidade sob o chapéu das categorias que o filme *Ôrí* aciona.

Já assinalei que não é de hoje que visibilidade se tornou categoria perseguida com bastante afinco. Este fato insofismável pode ser rastreado desde a corte absolutista, germe da sociedade das aparências, como descreve Norbert Elias. O "habitus de corte", para Elias, que tosqueia indivíduos feito carneiros, marca a ascensão das sociedades modernas: uma eterna vigília em torno dos hábitos, dos gestos, dos trejeitos passa a ser tarefa indispensável. A necessidade de se mostrar adequado faz da aparição pública um teatro de aparências, valorada pelas regras de etiqueta e projeção de imagens previamente calculadas. Para o sociólogo, a sociedade de corte é, acima de tudo, uma sociedade de aparências. As definições de redes sociais foram novamente atualizadas!

Além da sociedade de corte, podemos assinalar alguns lances históricos que nos levam a pensar na visibilidade como o dispositivo que promove a ascensão do eu. A política e os políticos ingressaram nesse sistema irrevogavelmente. Graças à imprensa, a interlocução entre poder e opinião pública amplifica-se e leva os representantes políticos a se exporem mais, posto que desejam ser ouvidos/vistos. A representação por imagens se torna absolutamente central: o que as mídias irradiam não é apenas o que ela representa, dá a ver e a entender; é a própria luz, aquilo que permite ver: fora das mídias, o mundo em torno de nós cessa de existir. Assim como o sol é a energia do visível, o que dá a ver, dele vem a luz, a condição/causa incontornável da visibilidade, as mídias permitem ver o poder, vetorizam seu sentido, seu valor e sua força, ao mesmo tempo que são o emissor, o holofote sem o que não há, hoje, o que enxergar.

O que antes dependia em primeiro lugar da encarnação do poder pelo soberano é hoje sujeito a outras leis, a serviço de redes e órgãos, em grande parte privados, que dispõem do visível, determinam a cota de visível que darão às pessoas, seguindo lógicas de mercado que tendem globalmente a privilegiar o *status quo* social, exibindo estilos de vida como amostras inquestionáveis de sucesso, riqueza, felicidade, beleza, bem-estar...

Como salientei, poder e visibilidade são binômio que remonta ao século XVII e lembra a figura do rei Sol, Luís XIV, e outras cortes absolutistas onde a figura do poder se mostra, onde ser visto, contemplado e reverenciado evidencia e exalta a supremacia de "quem manda e de quem pode"; onde os cerimoniais existem para projetar a figura do poder em torno de algumas eminências (incluindo alto clero).

No mundo hodierno, o exercício "visível" atua em conformidade com uma nova racionalidade, um novo padrão: tudo o que havia de hierárquico nas posturas dos dominantes não desapareceu simplesmente, mas está na lógica atual contrariar as antigas marcas da "eleição privilegiada", dos que foram escolhidos e sancionados pelo direito divino para compor uma rede de privilégios. A tônica do presente é estimular todos a se exibirem nos territórios ubíquos de aparição individual e coletiva. O que essa mudança de estatuto do visível agrega para a emergência de novos imaginários? Como sustentar a ideia de opacidade levantada por Glissant como um princípio inegociável?

Se a transparência que formou o espírito republicano e a esfera pública, estabelecendo diferenças entre o *interesse público* e o *interesse do público*,[25] sofreu rearranjos monumentais, deve-se enxergar nessas transfigurações as brechas para a reinvenção de enunciados. Tanto a transparência que veio na esteira do sujeito moderno como a que se tornou basilar para a dinâmica das redes sociais, em essência bisbilhoteira e superficial, contribuem para um achatamento dos sujeitos, deixando estreitas margens para a emancipação

25 Interesse público diz respeito a informações e notícias que incidem sobre os interesses coletivos e afetam o tecido social; já o interesse do público concerne a curiosidades, acontecimentos comezinhos que, mesmo despertando interesses de grupos ou de públicos amplificados, não tocam nos interesses da sociedade.

efetiva. A transparência do mundo é correlata, nos dias de hoje, ao acesso às imagens que primam pelas aparências de "eus" miseráveis que desistem de reivindicar o estatuto de sujeitos, porque não operam o deslocamento promovido por Lélia Gonzalez, mas se tornam ventríloquos de uma torre de babel que ecoa a mesma fala e os mesmos trejeitos, sem a manutenção das estranhezas, daquilo que não serve para ser transformado em commodity na ambiência do digital.

Quando não há visibilidade emancipatória, as visualidades podem não apenas manter as imagens de controle, mas aprofundá-la a um nível mortífero, seja simbólico ou físico, de exclusão corpórea, porque a mudança capaz de restabelecer o vínculo e de permitir a abertura de novas percepções sobre os sujeitos, a vida e o mundo encontra-se sempre em suspensão, a não ser que venha embalada com o invólucro da inclusão e da representação cooptada.

4 Nem tombar, nem lacrar: rompendo com a lógica algorítmica no espelho de Oxum

Pelo que se vê, Beatriz Nascimento, Lélia Gonzalez, bell hooks e Édouard Glissant, cada um a seu modo, estão cobertos de razão. Não abdicar do par *opacidade* x *transparência* significa preservar porções da nossa existência para que possamos desfilar na paisagem do mundo com a capa de sujeitas e, nesta condição, enunciar o "Penso onde estou", de Beatriz Nascimento.

Mas façamos justiça. O debate sobre a morte do sujeito não pode ser creditado, única e exclusivamente, à visualidade contemporânea, visto que ganhou um longo concurso com as incursões de Michel Foucault, Roland Barthes, Maurice Blanchot, Jacques Lacan, Jacques Derrida (para referenciar epítomes de três áreas em que tal debate ganha centralidade) e com o reposicionamento do tema por pensadoras e ativistas negras (bell hooks, Lélia Gonzalez, Sueli Carneiro, Luiza Bairros, Jurema Werneck, Valdecir Nascimento) que tomaram como parâmetro o deslocamento de lugares (de objeto a sujeito, de coisa a ser humano), como já assinalado nas páginas antecedentes.

Ao fazer uso da linguagem e ser usada por ela, como a nossa subjetividade é achatada, rebaixada nas plataformas narrativas? Por que o sujeito se encontra constantemente ameaçado na ambiência de transparência narrativa das malhas verbo-visuais de nossos dias?

bell hooks é um modelo exemplar para pensarmos sobre a questão. Ao grafar o pseudônimo em minúsculas (o nome de batismo da autora é Gloria Jean Watkins), a teórica e feminista negra demonstra que é a linguagem que deve performar e não o "eu". Para os incautos, é sempre bom lembrar que, ao se inscrever assim no cenário do mundo, bell hooks não flerta com a humildade e a baixa autoestima, mas com uma operação que marca a tentativa de supressão do eu em proveito da própria escrita, por onde o sujeito se mostra.

Matar o autor/sujeito em sua manifestação direta para que ele se manifeste em outro território também foi tarefa à qual Mallarmé se lançou,[26] abrindo um extenso campo que encontra, na voga do Estruturalismo, um território fértil para se manifestar.

Eis que a discussão ganha feição renovada com a ascensão dos verbos funerários *lacrar* e *tombar*, o que indica expressamente que algo se foi quando o eu triunfa nas redes sociais. A cada lacração e tombamento, podemos reiterar: aqui jaz o sujeito, mas brilha de forma flamejante o eu, que não tolera nuances, nem mediações; um eu absolutamente transparente que, ao apontar os caminhos para se chegar a regiões impermeáveis, oferece até aquilo que tem de mais estranho (a profunda singularidade) para ser triturado na máquina do capitalismo algorítmico. Este eu que tomba e lacra se transforma em índice operacional passível de cálculo, governo e controle e não coaduna com o sujeito insurgente que escapa à normatização, mesmo que venha sob o verniz da atenção e do cuidado. Segundo o pensador coreano Byung-Chul Han,

> A comunicação alcança sua velocidade máxima ali onde o igual responde ao igual. [...] A negatividade da *alteridade e do que é alheio* ou a resistência do *outro* atrapalha e retarda a comunicação rasa do igual. [...] A transparência elimina o Outro, o estranho. [...] É uma sociedade uniformizada na qual a linguagem elimina toda a ambivalência.[27]

---

26 Nas primeiras décadas do século XX testemunha-se, no campo da teoria e da crítica literárias, apagamento gradual do sujeito que escreve. O Formalismo Russo e o *New Criticism* foram responsáveis por essa guinada, que sacudiu com a figura autoral tão em voga nos séculos XVIII e XIX.

27 BYUNG-CHUL Han. *Sociedade da transparência*. Rio de Janeiro: Vozes, 2017, p. 11.

Reside aí a razão pela qual afirmei no item anterior que esse eu não operou o deslocamento posto em prática por Lélia Gonzalez ("agora o lixo vai falar e numa boa"), não conseguiu se movimentar rumo aos territórios nos quais é possível o exercício da radicalidade do inventa-te a ti mesmo, porque a condição do eu bloqueia os processos de reinvenção (o eu pensa que basta a si mesmo), onde só há espaço para uma repetição regressora, que impede a instauração do novo. O "Penso onde estou", de Beatriz Nascimento, nos leva a recriar lugares (o quilombo é um deles) para que seja factível uma existência livre dos limites do poder colonial que migrou para a gestão da imagem, carbonizando as singularidades, o que nos reendereça para o exílio da perda da imagem e da identidade, como destacou a autora.

Dessa forma, outro imperativo se desenha: esgarçar a lógica dos algoritmos e da visualidade excessiva que se querem únicas no agenciamento da aparição e do reconhecimento. É preciso percorrer outras vias para que o sujeito se mostre em sua precariedade e sua incompletude, insubordinado frente às tentativas de controle e de cálculo, buscando no espelho do outro, tal como Oxum, formas mútuas de reconhecimento. Só há visibilidade emancipada se existirem sujeitos, e só há sujeitos se houver reinvenção!

5 Reconhecimento e empatia: as conexões ocultas com a visualidade e a visibilidade

Se a visualidade desidratada açula os eus a se mostrarem, a visibilidade reclama por sujeitos; se visualidade não equivale a visibilidade, se a nossa chegada nas praças de aparição pública não foram suficientes para promover, em larga escala, o deslocamento que as nossas referências promoveram (Lélia Gonzalez, Beatriz Nascimento), é porque a imagem-matriz que faz laço social ainda possui legibilidade na letra da regressão e do rebaixamento, tornando-se, assim, um nexo estratégico para significação das corporeidades negras (físicas e culturais), a despeito das mudanças inquestionáveis nas últimas décadas. Tal legibilidade encontra na tela do outro sanção e validação, num exercício constante de exclusão do nosso valor num sistema de trocas simbólicas.

Lélia Gonzalez, Patricia Hill Collins, Alice Walker, Achille Mbembe, Frantz Fanon, cada um a seu modo, nos apresentaram a mecânica dessa exclusão: as três primeiras destrincham a calcificação dos significados sobre as mulheres negras desde a época da escravidão. Patricia vai nomear essa operação de imagens de controle; Alice Walker, de prisões de imagens; Achille Mbembe e Frantz Fanon referem-se a processos de dessemelhança, o que só é possível no reino das imagens. Não é por acaso que a análise do processo de racialização em Fanon tem como elemento detonador a história cruel altamente popularizada: “Olha, um negro! Eu tenho medo!”. Essa frase é pronunciada por uma criança que ao ver Frantz Fanon esboça o pavor pela sua aparição ameaçadora, o que faz um dos principais teóricos do século XX perceber a dinâmica do racismo: apreensão antecipada de corpos negros como coisa, definidos pelo outro do outro, ou seja, pelas imagens prévias. Seu corpo era um painel já preenchido por discursos produzidos no Ocidente moderno e difundidos planetariamente.

Chego ao ponto que toca num nervo sensível das formas de indiferença que o racismo produz, que faz fremir minha escrita, marcada por forte emoção e raiva. Quando perguntamos, acompanhando Denise Ferreira, por que a morte de tantos jovens negros pela polícia no Brasil não causa crise ética profunda? Por que, ecoando o movimento negro, não há comoção com o genocídio da população negra? Por que as mortes das mulheres negras por feminicídio e violência obstétrica não mobilizam os espíritos mais indignados? Resumindo: Por que o espetáculo da gratuidade das mortes de mulheres e homens negros, diuturnamente publicizado por meio de imagens, não esfacela corações?

A ausência da verdade enfática do gesto nas grandes circunstâncias da vida, como disse Baudelaire, é algo assombroso quando o que está em questão é a manifestação do racismo. Sobre isso, Toni Morrison discorre sobre os corpos que importam:

> A atual onda de empatia diante de uma epidemia de opioides majoritariamente (porém não exclusivamente) branca é bem diferente da onda de condenação surgida durante a crise do crack na década de 1980. A atual onda de preocupação ante o aumento dos índices de mortalidade entre um tipo específico de homem branco é bem diferente da apatia resignada em relação aos altos índices de mortalidade que sempre assombraram a vida negra neste país.[28]

Convoco a leitora, o leitor, para, junto comigo (lamento: mas não vou relançar questão tão arenosa solitariamente), examinar a conexão entre visibilidade/invisibilidade e dessemelhança/imagem de controle e compreender a que regime de trabalho ela responde. Já sabemos onde esse consórcio vai

28 MORRISON, Toni, op. cit., p. 39.

dar, as perguntas que fiz acima contêm, em alguma medida, as respostas parciais. Vou endereçar mais algumas palavras ao assunto no domínio das imagens.

Faço um paralelo entre esse déficit de comoção dos episódios acima descritos com o filme *O encouraçado Potemkin*, do cineasta russo Serguei Eisenstein, trazido à reflexão pela lente de Didi-Huberman. Descrevendo longamente uma cena do filme, que trata da morte de um homem, o filósofo relata:

> Todo *O encouraçado Potemkin* poderá ser visto, a partir de agora, como o surgimento, o dramático desdobramento e a própria organização desse clamor, dessa "exigência" do povo. A morte de um homem "exige justiça"; mas o clamor, a justiça exigida — antes de qualquer possibilidade aberta para que a justiça passe, para que a "justiça seja feita" — só podem começar aqui pelo impoder do choro. Antes dos *povos em armas*, há, portanto, fatalmente, os *povos em lágrimas*.[29]

Didi-Huberman se apoia no artigo de Roland Barthes, que rejeita a cena da dor contida no filme por considerá-la uma evidência que estabelece significâncias por meio de estereótipos. Se a crítica de Barthes incide na conjugação povo x pranto, que garante o sentido do óbvio, podemos afirmar que, no Brasil, os gestos da indignação e do luto nem sequer constituíram um leque possível de reação no que tange às imagens que recortam cenas da dor, tampouco entraram no regime dos estereótipos do qual comenta o semiólogo.

Em *O encouraçado Potemkin*, os planos abertos filmam a dor de todos, e os fechados enquadram a dor de cada um. Pelas imagens, Eisenstein cria uma ambiência de comoção, seguida de indignação, e nos faz compreender a "ligação fundamental e trágica que transforma o *tema emotivo* em um verdadeiro *tema político* suscetível de uma *abordagem histórica*".[30]

---

29 DIDI-HUBERMAN, Georges. *Povo em lágrimas, povo em armas*. São Paulo: N-1, 2021, pp. 96-97.

30 Id., Ibid., p. 109.

Ora, se o racismo produz incessantemente processos de dessemelhança, não podemos esperar por imagens ou testemunhos que acenem para algum tipo de comoção pública, porque o vínculo, a ideia de semelhança (poderia ser eu, poderia ser minha filha/meu filho) que se faz pelas imagens que se projetam no espelho do outro já foram antecipadamente descartados, tornando uma estética e uma ética da proximidade absolutamente impossível. A desumanização racista não é apenas simbólica, ela mostra sua dinâmica silenciosa e cruel. Com esse outro que morre barbaramente, que é violado insistentemente, que é discriminado, não estabeleço vínculo nem identificação, porque, vale insistir, não há imagem capaz de fazer essa aproximação que só se dá entre iguais. Não há emoção, nem comoção, não há choro nem vela. Portanto, não há indignação, justiça, tampouco armas. Não há narrativas, nem história. Mas nesse esquema de dessemelhança, patrocinado pela imagem, promove-se outro tipo de morte, pois o indivíduo que rejeita o lastro social, a vinculação com o outro, já está também simbolicamente morto (claro que é uma morte que os catapulta no patamar do privilégio).

> A emoção é, então, exemplar ao nos sugerir a profundidade desmedida do percebido. Na experiência emocional, compreendemos que o percebido vem de longe, que ele nos falta tanto quanto se mostra, e exige então de nós uma *práxis* exploratória, interrogativa. Através do abalo em que ela nos lança, a emoção nos lembra que a nossa visão permanece parcial, para sempre separada da evidência, mas exigida.
>
> Não devemos entender, então, que a emoção coloca em jogo a *existência* do sujeito no mundo, é claro, mas também o movimento de uma *exigência* que visa o *conhecimento do mundo* — o "percebido", de que fala Merleau-Ponty —, assim como sua transformação *agida*?[31]

31 Id., Ibid., p. 44.

Aqui e ali algum fiapo de comoção dos grupos raciais hegemônicos desponta no espaço público e balança as estruturas. Quando se acredita que esse fiapo pode ganhar espessura, envolvendo vozes e posturas, logo ele se esgarça e sofre brutal erosão. George Floyd foi vítima desse movimento: um turbilhão de posts nas redes sociais no epicentro da pandemia, em meio ao confinamento, sacudiu a comunidade planetária sugerindo uma reação irreversível e profunda.

Antes mesmo do fim do confinamento, a morte brutal de um homem negro, que foi filmada e divulgada em escala global, sumiu das nossas telas sem deixar rastro. O que era para ser considerado inescusável, um crime de lesa-humanidade (como assim deveriam ser vistos todos os crimes), torna-se tendência de mercado: isso mesmo, o assassinato filmado virou tendência para setores da publicidade brasileira. A voz clamorosa e piedosa de George Floyd se dissipou nos nossos ouvidos, e a indignação entrou novamente em recesso. Se essa postura não é uma mostra explícita de crueldade da desumanidade racista, é difícil imaginar o que seria.

Numa perspectiva, digamos, "mais humanista", o tema das mortes e da violência, regido pela invisibilidade é visto por uma vertente que não raro o arregimenta no campo da empatia. Outro perigo envernizado de preocupação política e afetiva, que procura expurgar o racismo da boa consciência. Mas por que perigo?

Venho insistindo que embora empatia seja uma palavra com forte carga simbólica, estimulando-nos a prática da cortesia quase cristã de se colocar no lugar do outro (o estrangeiro, o não familiar, o que nos ameaça), o termo não pode ser tomado como categoria política. Eficiente para animar posições individuais, precisa, em outra via, ser mantido à distância das deliberações políticas que visam intervir no comum, por dois motivos essenciais: 1) o ato de se colocar no lugar do outro considera antecipadamente que é apenas o outro quem está em perigo, em estado de vulnerabilidade. A superioridade moral, travestida de compaixão, impede que percebamos também o fracasso do hegemônico, do estabelecido, pela via do privilégio; 2) a empatia pode nos conduzir a um processo de adesão que se enclausura no problema do outro sob o ângulo da passionalidade e não da solidariedade, ou seja, quanto mais empáticos nós somos com determinadas pessoas e causas, mais aumentam as chances de destilarmos ódio aos responsáveis pelo sofrimento daqueles que apoiamos. O psicólogo Paul Bloom, considera a empatia um termo perigoso:

> Em vez disso, sou motivado por sentimentos mais respeitáveis, por compaixão, amor e empatia. Não pelo Estado Islâmico, é claro, mas por suas vítimas. Eu assisti aos vídeos das decapitações e crucificações e li relatos de estupro, escravidão e tortura. Se eu estivesse menos investido no sofrimento das vítimas, ficaria mais receptivo a uma discussão equilibrada de opções diferentes. Mas porque eu me importo, só quero mesmo que paguem.[32]

Em vez de *empatia* recomendo uma permuta com *reconhecimento*, outra palavra estratégica para os objetivos deste livro, já que imaginários emergentes têm como visada percorrer o perímetro de territórios que questionam as normas que atribuem reconhecimento de forma diferenciada, o que me faz discorrer sobre o termo mobilizando parcialmente os tentáculos de algumas áreas do conhecimento. Teóricos das políticas de reconhecimento e da alteridade são unânimes em afirmar que a assunção do Eu se dá pelo reconhecimento do outro. Para Charles Taylor, já citado, o expediente do reconhecimento alcança urgência política pelo vínculo que possui com identidade, onde identidade refere-se a uma compreensão de quem somos, de nossas características definitórias fundamentais como seres humanos.

---

32 BLOOM, Paul. "O lado obscuro da empatia". Disponível em: https://www.fronteiras.com/leia/exibir/o-lado-obscuro-da-empatia.

E tal compreensão, nas fronteiras da luta antirracista e antipatriarcal, significa a composição de um programa político e de ação no qual, conforme descreve Sueli Carneiro,

> o esforço pela afirmação de identidade e de reconhecimento social representou para o conjunto das mulheres negras, destituído de capital social, uma luta histórica que possibilitou que as ações dessas mulheres do passado e do presente (especialmente as primeiras) pudessem ecoar de tal forma a ultrapassarem as barreiras da exclusão. O que possibilitou, por exemplo, que a primeira romancista brasileira fosse uma negra a despeito das contingências sociais em que ela emergiu?
>
> [...]
>
> Sumariamente, podemos afirmar que o protagonismo político das mulheres negras tem se constituído em força motriz para determinar as mudanças nas concepções e o reposicionamento político feminista no Brasil. A ação política das mulheres negras vem promovendo:
>
> - o reconhecimento da falácia da visão universalizante de mulher;
> - o reconhecimento das diferenças intragênero;
> - o reconhecimento do racismo e da discriminação racial como fatores de produção e reprodução das desigualdades sociais experimentadas pelas mulheres no Brasil;
> - o reconhecimento dos privilégios que essa ideologia produz para as mulheres do grupo racial hegemônico;
> - o reconhecimento da necessidade de políticas específicas para as mulheres negras para a equalização das oportunidades sociais;
> - o reconhecimento da dimensão racial que a pobreza tem no Brasil e, consequentemente, a necessidade do corte racial na problemática da feminização da pobreza;

- o reconhecimento da violência simbólica e a opressão que a brancura, como padrão estético privilegiado e hegemônico, exerce sobre as mulheres não brancas.[33]

Ainda de acordo com Sueli Carneiro, a inserção dessas questões na esfera pública mudou a nossa paisagem social e promoveu o alargamento dos sentidos de democracia, igualdade e justiça social.

Sabemos que o discurso do reconhecimento e da identidade é obra da nossa aventura moderna. O ingresso dos dois termos na cena política se dá com o colapso das hierarquias sociais, que costumavam ser a base da honra. No antigo regime, a honra estava vinculada a exclusões, intrinsecamente ligada a desigualdades: para que alguns tenham honra, é preciso que nem todos tenham. Lembremos a descrição da monarquia pelas lentes do racista Montesquieu e veremos o caráter seletivo da honra.

O dito discurso moderno solapa com a noção de honra para dar espaço à de dignidade, concebida num sentido universalista e igualitário. Na esteira do reconhecimento e da dignidade, a identidade individual e a autenticidade compõem-se na mesma atmosfera política. Lembremos o movimento dos "Indignados" na Espanha, em 2011, que pelo próprio nome deixa transparecer a conexão com o sentido moderno de identidade e dignidade (ameaçadas pelas forças produtivas do capitalismo). Expulsos pela porta, os esquemas de diferenciação retornam pela janela nas ditas sociedades modernas, democráticas. Sem o mecanismo seletivo e excludente da honra, racismos, sexismos, homofobia, transfobia, xenofobia, capacitismo e outras formas correlatas de discriminação passam a hierarquizar as estruturas sociais. O acirramento dessas práticas se dá quando aquele que reputamos ser diferente de nós (o outro) ousa cruzar as linhas divisórias imaginárias. A ideia do narcisismo das pequenas

33 CARNEIRO, Sueli. "Mulheres em movimento". *Estudos Avançados*, 17 (49), 2003, pp. 117-132.

diferenças, de Freud, ilumina a questão. Para o pai da psicanálise, é quando a diferença se mostra quase inexistente que o outro se torna motivo de intolerância; é quando territórios dizem estabelecer fronteiras bem cerradas em relação aos seus inimigos que eles se avizinham perigosamente; é quando nos vemos tão parecidos com o outro que destilamos discurso de ódio. Similar raciocínio, podemos encontrar na pesquisa etnográfica de Norbert Elias e John L. Scotson. Os autores demonstram que as fronteiras estabelecidas entre os estabelecidos e os *outsiders* da comunidade de Winston Parva (nome fictício dado ao bairro analisado) erigem-se em nome de motivo insignificante, "um quase nada". O critério para a estigmatização dos *outsiders* era o tempo de moradia na comunidade.

Sempre há um critério, e esse critério é efetivamente um quase nada, como também afirma Ta-Nehisi Coates no prefácio do livro *A origem dos outros: seis ensaios sobre racismo e literatura*, de Toni Morrison: "[...] a raça só está tangencialmente relacionada à genética. A partir daí, ela [Toni Morrison] nos ajuda a entender como um conceito que parece tão frágil pode ter uma influência tão forte sobre milhões de pessoas".

A força do conceito se fez por meio de genocídios e semiocídios, como assinala Muniz Sodré, o que faz do domínio das imagens uma plataforma prioritária de denúncia, transformação e emancipação.

A miríade de imagens sobre mulheres e homens negros que circulam infatigavelmente em todas as latitudes do planeta faz crer que as distâncias são atlânticas e os motivos, espessos, adiando a possibilidade do reconhecimento por meio de outros sistemas de linguagem e de comunicação. *Ôrí*, já citado, é essa plataforma de sentidos que instaura a possibilidade do "fazer diferente".

6 Imagens circulantes das mulheres negras brasileiras: fricção entre o ausente, o velho e o novo

Nas imbricações entre visualidade e visibilidade, é preciso avaliar o repertório imagético hegemônico buscando flagrar as *ausências*, *o passado que não passa* (a insistência do imaginário racista e colonial) e as *rupturas* (imagens dissidentes que estabelecem novos regimes de visibilidade). Essa tríade afigura-se como nexo importante para pensarmos, em perspectiva ampliada, nos modos como logramos pôr em cena a visibilidade, e não apenas a visualidade, num *continuum* antecedido pelas nossas mães ancestrais que nos legaram um tecido já bordado, à espera de nossas digitais. Como já disse, ao contrário do que vem sendo propalado, essa reivindicação não é de agora, como não são de agora os resultados obtidos. Temos uma inclinação a considerar que as conquistas são sempre fruto do calendário do presente, ensombrecendo uma luta que se perde sob os lençóis do tempo.

Um ligeiro recenseamento a respeito dessa tríade com ênfase no tópico racial nos permitirá observar que um significativo quinhão da crítica lançada sobre a matéria se concentra, essencialmente, nos modos de produção e manutenção de estereótipos e estigmas em torno do negro. Pesquisadores, intelectuais, ativistas dos feminismos negros, movimentos sociais negros, curadores de arte, artistas, cineastas, roteiristas, dramaturgos, escritores, em suma, profissionais das linguagens, vêm dispensando especial atenção a esse mote e, num gesto coletivo, assinalam a potência transformadora de novos/outros discursos/imagens para reposicionar o lugar simbólico e real da população negra, especialmente das mulheres negras, no mundo.

7 Sobre ausências e o passado que não passa (a insistência do imaginário racista e colonial): os arquétipos e os estereótipos

Uma constelação de estratégias discursivas se põe a deslindar os efeitos das imagens sob o crivo de olhares que veem nas representações advindas dos sistemas de visualidades um ponto fulcral para a superação da discriminação e do racismo. São múltiplas vozes que se irmanam num coro afinado para o reajuste dessa situação.

As formas de emoldurar o outro, de fundi-lo em estereótipos, foi prática recorrente de uma linguagem comum, que serviu de correia de transmissão do racismo global, que foi pródigo em instaurar realidades certificadas, em grande medida, pelo discurso imagético.

Sob esse ponto de vista, a padronização e a fixação dos enunciados na ecologia das mídias em categorias predeterminadas são um empreendimento necessário, pois possibilitam que os programas sejam formatados em modalidades relativamente estáveis, capazes de favorecer a "decodificação". Há uma rede que constitui a produção e a recepção, o que demanda a criação de sistemas de orientações, expectativas e convenções que circulam entre a indústria, os sujeitos espectadores e o texto.

Como pensar na homogeneização das histórias negras por meio das imagens? Como codificaram a nossa existência? Quais as senhas distribuídas para decodificar o código?

Lélia Gonzalez e Patricia Hill Collins foram, mais uma vez, cirúrgicas ao apontarem como a codificação da linguagem e da imagem universalizou a mulher negra. Ambas caminham na mesma esteira e extraem dela as categorias dessa operação. De acordo com Lélia, a nossa representação tem como base três figuras estereotipadas: a mulata, a doméstica e a mãe preta. Se tudo é uma questão de perspectiva, nossa catalogação nesta ou naquela categoria vai depender do contexto situacional.

Para a fundadora dos feminismos negros no Brasil, a palavra "mucama", do quimbundo *mukama*, amásia escrava, foi o arquétipo, a ideia-fonte de onde derivaram os significantes *mulata* e *doméstica*. O termo foi aclimatado no solo brasileiro e passou a designar "escrava negra moça e de estimação que era escolhida para auxiliar nos serviços caseiros ou acompanhar pessoas da família e que por vezes era ama de leite".[34]

Ao redefinir a palavra "mucama", a história oficial alcança um resultado de dupla face: ocultou, fez esquecer, adotou a elipse para invisibilizar o que estava intrinsecamente ligado à operação de nomear, que é a exploração sexual das mulheres negras; e, por essa estratégia de esquecimento, trouxe à visibilidade, com brilho de latão, uma expressão que quiseram pendular para o lado positivo.

Patricia Hill Collins, por seu turno, vai dizer que a operação da qual Lélia se ocupou bem antes que ela tem nome e sobrenome: *imagens de controle*. De acordo com a teórica dos feminismos negros,

> como parte de uma ideologia generalizada de dominação, as imagens estereotipadas da condição de mulher negra assumem um significado especial. Dado que a autoridade para definir valores sociais é um importante instrumento de poder, grupos de elite no exercício do poder manipulam ideais sobre a condição da mulher negra. Para tal, exploram símbolos já existentes, ou criam novos. [...] Essas imagens de controle são traçadas para fazer com que o racismo, o sexismo, a pobreza e outras formas de injustiça social pareçam naturais, normais e inevitáveis na vida cotidiana.[35]

---

34 A definição, dada por Lélia González, é apoiada no dicionário *Aurélio*, em "Racismo e sexismo na cultura brasileira". In: SILVA, L. A. et al. "Movimentos sociais urbanos, minorias e outros estudos". *Ciências Sociais Hoje*, Brasília, ANPOCS, n. 2, 1984, pp. 223-244.

35 COLLINS, Patricia Hill. *Pensamento feminista negro*. São Paulo: Boitempo, 2019, pp. 135-136.

Ainda segundo Collins, o imaginário que gravita em torno da ideia da verdadeira condição de mulher está associado a quatro virtudes: piedade, pureza, submissão e domesticidade. As mulheres brancas tiveram que aspirar a essas virtudes, ao passo que mulheres negras foram enquadradas em outros regimes de significação, presididos pelo estereótipo e pelo rebaixamento: *mammy* (serviçal fiel e obediente); matriarca (que se mostra incapaz de adotar um modelo adequado de comportamento de gênero); mãe dependente do Estado (mulheres negras da classe trabalhadora que são beneficiárias das políticas sociais de Estado); rainha da assistência social (refere-se a mulheres negras da classe trabalhadora altamente materialista, dominadora e sem parceiro homem) e jezebel, a prostituta ou *hoochie*[36] (sustentam uma forma desviante da sexualidade feminina negra).

Angela Davis considera que o estupro está na base da desumanização da mulher negra pelo homem branco, o seu proprietário, para além da escravidão, contribuindo para adensar o território das imagens de controle. Angela Gilliam também põe em destaque a sexualização das mulheres negras como forma de controle social, o que define o seu papel e mantém o controle do imaginário sobre elas. Em suma, no que diz respeito à mulher negra, as significações parecem ser regradas e, em grande medida, imutáveis.

Como se vê, tanto Lélia Gonzalez quanto Patricia Hills desenharam o dispositivo que, pelo trançado de códigos, nos encarcerou em prisões de imagens, como disse Alice Walker. Elas encontram, ao modo de escavadoras, as pedras fundamentais da exclusão racista e sexista, fincando nesses territórios uma bandeira de luta.

Esse repertório imagético que nos definiu por processos de redução e destituição atravessou o tempo, riscou o planeta e se incrustou nas materialidades de linguagem: o sistema de arte, as mídias em geral (cinema, TV, jornal), a literatura, a

36 Segundo Patricia Hill Collins, expressão coloquial pejorativa que designa uma mulher jovem, promíscua que se veste de forma sexualmente provocante.

ciência e outras formas educativas se abasteceram das imagens de controle. O quadro comum de referências sobre a mulher negra oscilou, então, entre a figura sexualmente atrativa, a sujeita faltante ou a sujeita talhada para o trabalho subalternizado (um infame ditado evocado em conversas informais na cena brasileira dá a dimensão disso: "branca para casar, mulata para fornicar e preta para trabalhar"). Tais imagens funcionaram como discursos fundadores, ou seja, laboram como referência básica do imaginário constitutivo da mulher negra.

É preciso detectar os focos de incidência e manifestação dos arquétipos para combater sua proliferação com um conjunto de medidas, tal como se faz com os vírus e as bactérias, desde medidas de profilaxia a intervenções mais drásticas. A comparação não é exagerada, uma vez que o território diaspórico está minado com essas bombas imagéticas que nos atingem mutilando nossas existências. É preciso desativá-las, em regime de urgência.

No *front* criminoso da destituição absoluta, podemos recuar num tempo anterior à aparição das tipologias que embasaram as imagens de controle e capturar no retrovisor da história o quanto a civilização eurocidental foi inventiva nos processos de rebaixamento e morte do outro.

Sarah Baartman, designada pela desumanidade racista como Vênus Hotentote, é um dolorido exemplar que deveria desarmar até os juízos mais desatentos. Nascida em 1789, na Província Oriental do Cabo da África do Sul, foi batizada com o nome de Sarah Baartman. Em 1810, aos 21 anos, Sarah, ou Saartjie, como era chamada, foi levada pelo cirurgião inglês Dunlop para Londres, onde iniciou uma série de apresentações que atraíam um número expressivo de espectadores, especialmente homens. Faleceu aos 26 anos em Paris, não sem antes perambular, como um móvel, pelas cidades europeias.

Órfã de pais — perdeu a mãe ainda muito pequena e o pai em 1807 — Sarah foi levada por um homem chamado Peter Cesars para trabalhar como babá dos filhos de um casal de negros livres na Cidade do Cabo. Lá, casou-se com um jovem soldado, com quem teve uma filha que morreu muito pequena. Esses sucessivos infortúnios fizeram de Sarah alguém vulnerável, à mercê dos interesses dos traficantes das chamadas "curiosidades da África do Sul". Assim começou a saga de Sarah pela Europa (a restituição póstuma de sua humanidade foi realizada no governo de Nelson Mandela, que exigiu o retorno da ossada de Baartman para a África do Sul). Para Muniz Sodré:

> A questão do contraditório, do múltiplo, do diverso, adquire uma grande fecundidade para o pensamento contemporâneo quando se considera a persistência da dificuldade para a consciência ocidental, mesmo a mais esclarecida, de lidar na prática com as diferenças. Estas, em última análise, podem conseguir ser reconhecidas, **mas então o Ocidente quer ver o absolutamente diferente, pois, acreditando-se absolutamente idêntico a si mesmo, só concebe o Outro na forma de extrema diferença.** A "boa consciência" culturalista e o pequeno-burguês esclarecido espantam-se e lamentam que o selvagem se deixe seduzir pela tecnologia industrial, perdendo a tão "diferente pureza".[37] [Grifos meus]

Nesse espelho que não comporta alteridade (o corpo de Sarah marca a diferença absoluta que golpeia o outro, reputado como anômalo, abjeto, grotesco, disforme. Christoph Türcke assinala que uma das fortes características da sociedade da sensação, surgidas na Alta Idade Média, era o apego ao anômalo. O espanto, a atração, a repulsa pelo anormal, pelo disforme, passam a ser um polo de aglutinação de homens e mulheres em espaços públicos (a palavra escandaloso vem do latim *scandalum* e significa o que atrai e repele, pois se referia a uma armadilha com essa função), Türcke considera que houve uma mudança naquilo que impulsiona o espanto:

37 SODRÉ, Muniz. *O terreiro e a cidade: a forma social negro-brasileira*. Rio de Janeiro: Imago Ed.; Salvador, BA: Fundação Cultural do Estado da Bahia, 2002, p. 64.

> [...] "No começo espantavam-se porque se confrontavam com algo inexplicável (aporia)", diz Aristóteles, como por exemplo, "marionetes que se movam a si próprias, o eclipse do Sol ou a incomensurabilidade das diagonais." [...] *Monstrum*, o conceito latino para aquilo que demonstrativamente desvia do curso habitual da natureza, pode ter vários sentidos: uma intervenção divina, uma marca, um milagre, o inacreditável, mas também o monstruoso, disforme, abominável.[38]

Essa nova ordem de coisas que passavam a despertar interesse de colecionadores incluía especiarias, cetim, peças de metal trabalhado, porcelanas, pedras exóticas em abundância, mariscos, penas, ossos, plantas, macacos vivos, camelos, leões, *orientais*, *anões*, *gigantes*, *pessoas deformadas*, *engolidores de fogo* e *africanos*. Consolidam-se aí os gabinetes de curiosidades nivelando pessoas e objetos, examinando-os sob a mesma régua e qualificando-os numa mesma escala.

Sarah ingressa compulsoriamente nesta máquina de morte simbólica e cruel que moeu sua dignidade. O corpo da sul-africana foi utilizado para confirmar a normalidade e a civilidade europeia. Pelos *outros* deformados, anormais, estranhos, risíveis, o *eu* confirmava a sua retidão, normalidade, oferecendo um padrão universal de ser humano. Depois de ser submetida à depreciação pública em Londres, Sarah é levada para a França, onde passa a interessar à ciência em virtude de suas formas físicas. De espetáculo público, Sarah é transformada em objeto científico. Em ambas as situações, sofre cruéis investidas contra seu corpo, de onde se extrai um traço que quis se impor como universal, do corpo da mulher negra africana escravizada que se manteve em voga durante muito tempo: o monstruoso.

Desse ponto de vista, o discurso que se instala no corpo de Sarah é um discurso fundador, nos moldes em que foi cunhado por Eni Orlandi:

---

38 TÜRCKE, Christoph. *Sociedade excitada: filosofia da sensação*. São Paulo: Editora Unicamp, 2010, p. 90.

> [...] É esse o feito que o identifica [o discurso] como fundador; a eficácia em produzir o efeito do novo que se arraiga, no entanto, na memória permanente (sem limite). Produz desse modo o efeito do familiar, do evidente, do que só pode ser assim.[39]

O corpo de Sarah Baartman é o portal de uma situação emergente, que logo se converte como matriz, que replica o que é ser mulher negra africana nos séculos XVIII e XIX, cria uma nova tradição e institui outra memória. É nessa fronteira de sentidos que se forma desde o início um dos dizeres comuns do imaginário de construção da mulher negra.

Absolutamente compatíveis com o enquadramento cruel do corpo de Sarah foram os zoológicos humanos, uma aberração que enjaulou "os anômalos", fez mais uma vez de corpos negros mercadorias de olhares, rebaixando-os a níveis baixíssimos do solo da existência humana. Conforme o relato da pesquisadora Sandra Sofia Machado Koutsoukos,

> para alguns autores, a exibição sistemática e concomitante apresentada pelo alemão Carl Hagenbeck (ainda na década de 1870), com grupos de nativos instalados, junto à sua cultura material, em displays que criavam um simulacro da realidade em que viviam, pode ter dado a ideia para a montagem das exibições antropológicas de povos não brancos, ou não ocidentais, ao vivo no Jardim Zoológico de Aclimatação, em Paris, entre 1877 e 1931. Daquela forma teriam se iniciado o que hoje chamamos de "zoológicos humanos".[40]

A conciliação permanente entre Sarah e o zoológico humano pode ser testemunhada no fragmento que se segue:

---

39 ORLANDI, Eni Pulcinelli. *Discurso fundador: a formação do país e a construção da identidade nacional*. Campinas: Pontes, 2001, p. 13.

40 KOUTSOUKOS, Sandra Sofia Machado. *Zoológicos humanos: gente em exibição na era do imperialismo*. São Paulo: Editora Unicamp, 2020, p. 51.

> O empresário diria: "Senhoras e senhores, aproximem-se!". Veremos agora três histórias; primeiro a de duas mulheres negras que foram colocadas em exibição. Separadas por quase um século, elas viveram trajetórias muito diferentes. Uma era apresentada como Vênus Negra, exótica e selvagem, tendo sido explorada e usada tal como o título que lhe foi atribuído deixa intuir, antes e mesmo após sua morte. A outra era apresentada como a gigante virgem também exótica e originalmente selvagem, porém já civilizada. Apresento-lhes Sarah Baartman e Ella Grigsby. E, logo a seguir, veremos as duas meninas gêmeas xifópagas brasileiras, Maria Pinheiro Dável e Rosalina Pinheiro Dável, que passaram pela primeira cirurgia de separação de siameses no Brasil.[41]

Tudo isso respinga nas formas de conceber o outro, criando tradição que se enraíza nos nossos modos de avaliar, aceder, aprovar, reprovar códigos de conduta e formas de apresentação (estética e, às vezes, moral). Com as informações advindas dos tentáculos do mercado da arte e das mídias, desenhamos aquele que reputamos diferente, o traço por traço.

Essa lógica acaba por instalar, a um só tempo, linhas divisórias que constituem o estatuto do outro, o fora de padrão. Existem regras que definem o coletivamente comum e, portanto, aceitável, o modelo de dever ser. Segundo Sodré:

> [...] É evidente que em toda esta suposta pluralidade, permanece sempre a decisão de que só o ocidental é modelo de dever-ser. O não ocidental pode apenas chegar a "sub", isto é, a cumpridor de normas, executor de modelos. Quanto ao transculturalismo, não é noção que se deduza até agora da análise das diferenças concretas, mas do imaginário de uma cultura política única, fundada na utopia iluminista e liberal de uma democracia universalista.[42]

---

41 Id., Ibid., pp. 59-60.

42 SODRÉ, Muniz. *Claros e escuros: identidade, povo, mídia e cotas no Brasil.* 3 ed. Petrópolis: Editora Vozes, 2015, p. 24.

Sobre o vasto pano de fundo dessas reflexões é que se esboça o projeto de homogeneização das imagens estereotipantes, racistas e sexistas, em que se destacam os modos como são projetadas as figuras do homem e da mulher negros, cujo sistema de representação gravita normalmente em discursos fundadores que remetem a referenciais mais ou menos estáveis. Os estereótipos dinamizam arquétipos que até hoje são convocados para a produção de imagens.

Quando correlacionamos algumas imagens que circulam nos sistemas de visualidade, que não estão necessariamente associadas às mulheres negras, a pedagogia dos estereótipos mostra sua força. Alguns exemplos se mostram:

- As limusines? São os poderosos do mundo, portanto remetem à política e à economia;
- Os livros atrás do entrevistado? Trata-se de um intelectual;
- Números, percentagens, cálculos e gráficos? Notícias de economia;
- Mulheres em lágrimas? São mães chorando por seus filhos;
- Rostos escondidos, nomes omitidos, identidades ocultas? São os fugitivos, os exilados, os sem-lugar;
- Imagens borradas, falas arrevesadas? É o Sul Global: a América Latina, os fundamentalistas, é Gaza, os albaneses, os africanos, os terrivelmente outros;

Só reconhecemos tais imagens dessa maneira porque a articulação que elas ensejam induz a um modo de funcionamento e estruturação dos discursos que demarca e diferencia. Essa demarcação e essa diferenciação são reapropriadas constantemente, refundidas naquilo que responde à demanda da instalação da continuidade (do código reconhecível), acomodando-se, finalmente, no lugar mítico no qual prevalecem as nossas precárias certezas e onde o laço social se faz. O fluxo do discurso e o curso do significado se apresentam como a continuidade do conhecimento, do vivido, do fluxo normal das coisas, da boa rotina do mundo, fazendo com que o significado guarde sempre o mesmo sentido.

Para Roland Barthes, o estereótipo é:

> a palavra repetida, fora de qualquer magia, de todo entusiasmo, como se fosse natural, como se por milagre essa palavra que retoma fosse a cada vez adequada por razões diferentes, como se imitar pudesse deixar de ser sentido como uma imitação: palavra sem cerimônia, que pretende a consistência e ignora sua própria insistência.[43]

Eis a força poderosa dos arquétipos. Tema que se fertilizou com mais rapidez na mitologia, na antropologia e na psicologia (normalmente Carl Jung é referido como o lapidador do termo) ganhou ampla difusão na chave de Joseph Campbell: são elementos cruciais na jornada, representando papéis e padrões de comportamento que se repetem em diferentes histórias. Esses padrões universais de comportamento e imagem, presentes no inconsciente coletivo, se manifestam em sonhos, mitos, histórias e narrativas. O arquétipo, em suma,

> é uma ideia-fonte que corresponde a uma primeira organização das coisas e do mundo e gera, pela via de pares opositivos, chaves interpretativas abrangentes para a conversão em protótipos. Embora oriundos na reiteração de palavras e seus significados agregados, os arquétipos ou ideias-fonte de mais peso na orientação das padronizações têm maior aderência, permanência e alcance.[44]

Estudos atentos às diferenças, à diversidade, ao racismo e à alteridade procuram examinar, minuciosamente, o modo de funcionamento dos estereótipos, de tal modo que a cena clássica descrita por Frantz Fanon em *Pele negra, máscaras*

---

43 BARTHES, Roland. *O prazer do texto*. São Paulo: Perspectiva, 2004, p. 52.

44 GOMES, Mayra. *Comunicação e identificação: ressonâncias no jornalismo*. São Paulo: Ateliê Editorial, 2008, p. 28.

brancas (uma criança branca dirige seu olhar para um negro antilhano e, prenhe de pavor, exclama para a mãe: "Mamãe, um negro; ele vai me fazer mal!") não ressoe em nossos horizontes de representação como um *continuum* do possível e, até mais do que isso, do que corresponde à realidade.

Só o aprisionamento de imagens, relembrando Alice Walker, é capaz de operar tal correlação perversa que, provavelmente, ressoa os efeitos de nossa história de dominação no dia a dia, colabora com nossa reconstrução cotidiana do que é ser homem e mulher negros. É preciso intervir no já dado e no já dito e edificar, de forma multiperspectiva, outras representações desse grupo racial, liberando-o de suas prisões imagéticas.

Como nos libertar dessas prisões de imagens e jogar as chaves das celas no espaço sideral? De que maneira podemos fazer girar a cadeia discursiva para que ela acolha e fixe as imagens de ruptura já em circulação há um bom tempo? Como, por meio das imagens de ruptura, criar novos arquétipos de modo que possam retroalimentar os imaginários emergentes?

8 Cenas dissentes, imagens de ruptura: o novo que se anuncia

De posse do *kit* de costura oferecido generosamente pelas mulheres citadas, precisamos continuar tecendo o que elas produziram, dando prosseguimento a uma costura já iniciada pelas suas ancestrais. É preciso cerzir o corpo têxtil com pontos e tessitura trazidos à baila com a agulha que fura e perfura outras possibilidades. O trabalho de destecer o que nos fizeram é de uma magnitude incalculável, pois implodir o imaginário colonial-racista-sexista-lesbofóbico-transfóbico significa desfazer arquétipos negativos que ofereceram insumos para a ascensão e a consolidação de estereótipos (por isso que é ingênuo detectar as mudanças como fruto exclusivo do nosso tempo).

Um dado, uma esperança, uma evidência, uma afluência, uma conquista. O que precisa ser reafirmado com vigor ainda mais expressivo é que esse cerzir já está em curso, e não é de agora. Sentimos o brilho da luz excepcional que sai da abertura de um novo horizonte. Cabe-nos a esta altura acompanhar a potência dos movimentos de insurreição na tarefa de romper o ciclo brutal do imaginário colonizador, que impôs uma estética fixa (se é que podemos utilizar a expressão estética para o crime, considerando a discussão do primeiro capítulo).

A figura da alavanca é a ilustração mais adequada, pois se trata de examinar a força desses empreendimentos, de acompanhar até onde eles estão conseguindo chegar e, no exercício de imaginação, como podem ir além. "Dê-me uma alavanca e eu moverei o mundo", frase atribuída a Arquimedes, é o mote que nos mobiliza, como disse Angela Davis com outras palavras: "Quando a mulher negra se movimenta, toda a estrutura da sociedade se movimenta com ela".

Cada vez relançamos a alavanca para mais longe e, assim, vamos, entre conquistas e derrotas, avançar e realocar nossa posição no mundo.

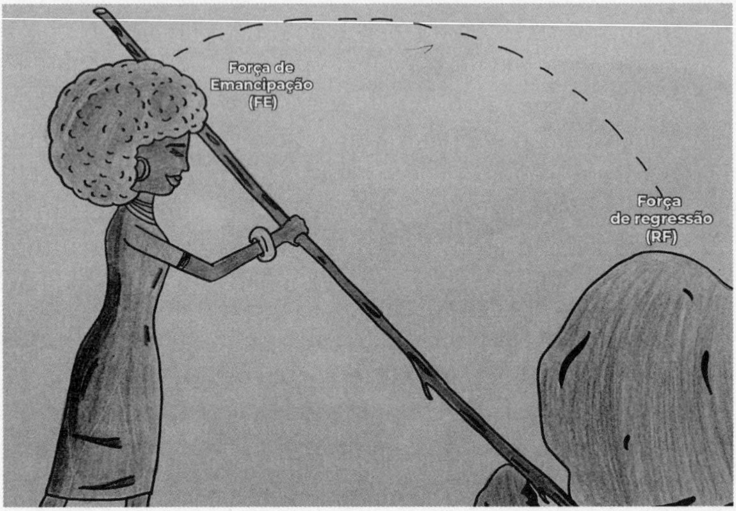

ILUSTRAÇÃO: PAULA BIANCA BORGES

Comecemos pelas artes, pelos gestos que procuraram alterar imagens já existentes, flagrando a cena estereotipada e grafando a emancipação naquilo que só exibia destituição. Rosana Paulino, Silvana Mendes e tantos outros nomes emprestam seu empenho para livrar mulheres negras dos estigmas que nos aprisionaram nas imagens coloniais.

A colonização foi um regime pródigo em produzir imagens, foi expedito em edificar um arquivo que se queria infindável, não cessou em compor um regime de escritura, procurou marcar a diferença definindo constantemente o outro. O Brasil, de escravidão longeva, foi um dos países que montaram um álbum volumoso de imagens que foram inseridas nos livros didáticos, nas paredes dos órgãos oficiais, nas praças públicas, nos museus, marcando os lugares da visibilidade e da invisibilidade.

Bem ao modo do tempo espiralar, a obra dessas artistas retorna ao passado, reconstruindo no presente imagens para usufruto e circulação no nosso tempo, com vistas à sedimentação na memória futura, ou seja, com vistas a ingressar permanentemente no repositório de imagens que fundam e são fundadas por imaginários. Temos nas cognominadas sinhás pretas, conforme demonstra Sheila Faria, um discurso fundante que labora para instituir imagens de ruptura. Para Rancière, imagens de ruptura dizem respeito a "ações de sujeitos que não eram, até então, contados como interlocutores, irrompem e provocam rupturas na unidade daquilo que é dado e na evidência do visível para desenhar uma nova topografia do possível".

Das topografias da crueldade, para usar expressão de Achille Mbembe, às topografias do possível, as sinhás pretas e as artistas negras trilham um caminho com várias bifurcações e arranjos, assentados numa metodologia comum e num princípio coletivo. Mônica Lima, no prefácio do livro *Sinhás pretas, damas mercadoras*, de Sheila de Castro Faria, assinala que:

> Este é um livro sobre mulheres negras africanas que foram trazidas para o Brasil como escravizadas e conseguiram não apenas obter sua liberdade, mas também prosperar num tempo e num contexto em que as circunstâncias lhes eram totalmente desfavoráveis. São mulheres que deixaram evidências de suas vitórias, sobretudo nos documentos em que são identificados e listados seus bens legados como herança, assim como suas vontades acerca do destino do que possuíam: inventários e testamentos. Trata-se de fontes históricas que falam sobre suas posses e em especial sobre elas mesmas, suas relações familiares, seus afetos, trabalho, gostos e modo de vida. Revelam os resultados de esforço, de talento e de caminhos que, ante situações diversas, conseguiram trilhar rumo a uma prosperidade pouco comum entre pessoas de igual condição.[45]

45 LIMA, Mônica. Prefácio do livro *Sinhás pretas, damas mercadoras*, de Sheila de Castro Faria. São Paulo: Cosac Edições, 2025, p. 9.

Na trilha de Rancière, o que antes era imune à crítica passa a ser revisto e questionado; a ordem dominante, especialista em apagar conflitos e resistências metabolizando-os em consensos e subscrições (como fez com imagens de controle da mucama convertida em mulata), é abalada com os movimentos que aquelas imagens promovem. Ainda segundo Rancière,

> em tais cenas, os sujeitos podem experimentar a política enquanto processo de criação de formas dissensuais de expressão e comunicação que inventam modos de ser, ver e dizer, configurando novos sujeitos e novas formas de enunciação coletiva. As cenas remetem à invenção de novas visualidades e interlocuções nas quais se inscrevem a palavra do sujeito falante, e nas quais esse próprio sujeito se constitui de maneira performática.[46]

De igual maneira, a baiana Mayara Ferrão também empreende gestos que carregam a grafia das cenas de ruptura. Em seu texto "Álbum de desesquecimentos", ela fala de amor, remetendo-nos ao personagem Seiso, de *Amada*, de Toni Morrison, e sua busca pelo amor, o que era visto como uma loucura desmedida: "Perigoso, fugaz, arrebatador, o amor era a loucura de Seiso, vivido em breves instantes e sem perspectiva de durar, mas pelo qual valia a pena literalmente caminhar. Indesejável e sempre violável, na medida em que pessoas escravizadas podiam ser vendidas e separadas a qualquer momento, o amor só podia ser fugidio e incapturável, uma pequena fresta por onde se podia vislumbrar o gosto de outra vida possível".[47]

Mayara renova as dificuldades e as interrogações de Seiso, cobrindo a própria pele, mas com a diferença que consegue fazer do amor uma realização entre duas mulheres ne-

---

46 RANCIÈRE, Jacques; JDEY, Adnen. *O método da cena*. Belo Horizonte: Quixote+Do, 2021, p. 42.

47 FERRÃO, Mayara; SOUSA; Fernanda Silva e. "Álbum de desesquecimentos". Revista *Zum*, 27. Disponível em: https://revistazum.com.br/revista-zum-27/album-de-desesquecimentos/.

gras. A artista visual faz do amor uma tecnologia política de imaginação, já que o afeto amoroso foi interditado a nós pela empresa colonial. Tal tecnologia impulsiona Ferrão a produzir visualmente o "Álbum de desesquecimentos".

Os estereótipos em torno do negro e da mulher negra não seguem uma trajetória linear (do negativo para o positivo, como algumas análises insistem em sublinhar), mas se movimentam sobre uma estrutura cíclica, em que os discursos fundadores sobre o outro, tecidos pela desumanidade racista, retornam na cadeia discursiva e se mostram diligentes para tipificação de mulheres negras dos assuntos relacionados à África e ao Brasil negro: "O fato é que na constituição dos sentidos eles podem sofrer um deslizamento, um processo de transferência que faz com que apareçam como deslocados. A isto é que chamamos transfiguração", arremata Orlandi.[48]

É necessário pensarmos que, sob o núcleo das inovações, das mudanças aparentemente progressivas em torno da imagem das mulheres negras, há um referente que se repete. A estrutura das narrativas está implicada nos retornos, fazendo com que a fórmula de sucesso sempre reapareça e mantenha o negro aprisionado em imagens desumanizantes.

Algumas imagens contemporâneas são um passo decisivo para compormos uma gramática de produção, uma ortografia do visível em que as cenas de emancipação possam ganhar lugar ao sol na cadeia discursiva por meio de movimentos de deslocamentos, e não apenas de deslizamento. O primeiro movimento faz com que as narrativas se fixem à cadeia e produzam matrizes; o segundo, por ainda ser despido de poder, circula na cadeia, mas perde fôlego, desliza e escapa de seus limites.

48 ORLANDI, Eni, op. cit., p. 7.

9 Gramáticas de produção: a ortografia do visível

Como uma história se instaura a partir de deslocamentos discursivos? É possível construir outra memória narrativa das mulheres negras? A narração tem a qualidade de transpor um tempo para outro, o que nos conduz a pensar que o tempo discursivo em torno das representações da mulher negra ainda se vincula a arquétipos cristalizados no passado. Mas, como não há ritual sem falhas, é possível promover a ruptura, a instauração de uma nova ordem de sentidos e o declínio do fixo, imutável, inalterável, o que já vem acontecendo, devo dizer. De que maneira as palavras e as imagens repetidas podem perder ainda mais e as força de sentido em benefício de novos referenciais sobre a mulher negra?

Comungo com a ideia de que a dimensão política das imagens não deve ser vista por uma perspectiva exógena, ou seja, não deve ser situada fora dela: "o acontecimento é a própria cena", ou seja, é a própria forma de conceber e produzir imagens que reconfigura a política. Desse modo defendo que só uma nova gramática de produção garante a visibilidade de mulheres negras por meio de processos antecedentes de imaginação radical.

Afinal, o que é uma gramática nesse território?

Normalmente, a gramática é vista como uma disciplina didática por excelência, que tem por finalidade codificar o uso idiomático, dele induzindo, por classificação e sistematização, as normas que em determinada época representam o ideal da expressão correta.

Qual é a expressão correta para se inscrever/escrever imagens de mulheres negras? Qual foi a representação ideal da expressão correta de pontos de vista que não estão abrigados numa rubrica validada pelo cânone? Como podemos construir outras gramáticas de produção, que não sejam camisas de força, receitas nem receituários, mas possam ser guias que enunciem outro princípio, um princípio de inclusão, um princípio que seja pluriversal, universalizante, em vez de universal?

Se é necessário construir outro manto do mundo, precisamos flertar com as nossas próprias estranhezas, entendendo estranheza como aquilo que o capitalismo não pode possuir para transformar em produto, conforme venho salientando ao longo do livro.

De acordo com bell hooks, é preciso pensar o campo das imagens interrogando seu estatuto e sua forma de expressão, é preciso questionar as ordens discursivas opressoras, perturbando o modo como as representações têm feito aparecer ao mesmo tempo os conflitos e as suas soluções pacíficas.

É necessário, assim, pensar em antecedências, o que significa questionar as gramáticas vigentes que orientam as grafias que adotamos para escrever o mundo. Ora, toda grafia é validada por uma ortografia, o conjunto de regras que orientam as formas de se escrever/inscrever. O pretuguês, de Lélia Gonzalez, também se presta a compor uma ortografia baseada em outra sintaxe.

Venho já há algum tempo defendendo que uma gramática de produção capaz de abrigar e sistematizar outra ortografia do visível se equilibra num tripé, ou melhor, numa estrutura circular, similar ao nó borromeano lacaniano (ferramenta topológica já citada).

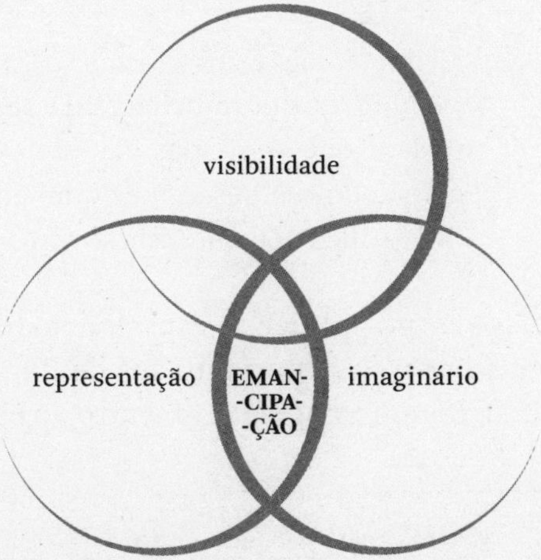

É só quando esses três registros dinamizam as aparições negras que uma imagem pode ser chamada de emancipatória, é só quando representação, visibilidade e imaginário estabelecem profunda solidariedade que o tempo espiralar nos restitui a imagem perdida e nos retira do exílio, como demonstrou Beatriz Nascimento. É só pelo que nós somos que logramos produzir memória, o que nos permite, por sua vez, criar sistemas de representação: existência, consciência e resistência andam em sincronia com a tríade acima descrita.

Desse modo, o laço indissolúvel entre corpo-linguagem provoca gestos até então impensáveis e impraticáveis que vão tomando forma com os elementos dessa outra gramática que possibilita a emergência de novos repertórios. Segundo Leda Maria Martins,

> um corpo político, autofalante, arauto do ainda não dito ou repetido, porque antes interditado, censurado, excluído; arauto do que não se explicitava de modo pleno, do que se mantinha dissimulado, do que não se mencionava, do que não se declarava, do que se evitava; arauto daquilo que não se enunciava, que não se pronunciava, que não se proferia, e que se impusera como o silêncio que apavora. [...][49]
>
> Às interdições e aos sistemas e estruturas de exclusão, de invisibilidade e de indizibilidade, se interpõe uma outra corporeidade que argui, postula, propõe, expressa, combate, manifesta ou seu pesar, mas também seu júbilo, e demanda o direito de livremente criar e existir.[50]

Esse corpo político se espraiou no tecido social e se fez ativo nas diversas materialidades de linguagem que produzem e distribuem imagens. Do teatro ao cinema, da TV à internet,

49 MARTINS, Leda Maria. *Performances do tempo espiralar: poéticas do corpo-tela*. Rio de Janeiro: Cobogó, 2021.

50 Idem. *A cena em sombras*. São Paulo: Perspectiva, 2023, pp. 17-18.

dos suportes impressos aos digitais, a escrita de nossa história vai se deslocando para sítios de altivez e dignidade.

Dos coletivos de teatro (Companhia dos Comuns e Coletivo Preto, no Rio de Janeiro; Coletivo Negro e Os Crespos, em São Paulo; Bando de Teatro Olodum, em Salvador e Coletivo Nega, em Santa Catarina), atestamos a presença da corporeidade da qual fala Leda Maria Martins. Peço licença para trazer uma resenha crítica de minha autoria que sintetiza os movimentos por restituição:

> **Em tempos de regressão, quase nada pode ser a *Gota d'água (preta)*!**
>
> Assistir ao musical *Gota d'água (preta)*, dirigido e idealizado por Jé Oliveira, exibido no Itaú Cultural em São Paulo, é como ser premiado com um bote salva-vidas num momento em que a tempestade se aproxima e o vento se intensifica, equivale a receber uma lufada de oxigênio no momento em que parecemos agonizar numa atmosfera tóxica que nos leva à irrefreável decadência estética e política. [...]
>
> À primeira vista, *Gota d'água (preta)* poderia ser apenas mais uma reelaboração de um trabalho de dramaturgia que não cessa de nos interpelar se por trás dessa releitura não se manifestasse um levante contra a cegueira da lógica de representação que silencia, invisibiliza e até destitui corpos racialmente não hegemônicos. Ao dar mais uma volta no parafuso, o empreendimento de Jé Oliveira e de todo o elenco apresenta uma natureza de outro jaez, confere ineditismo aos gestos de interpretação, nos faz ver e ouvir o que não se tinha visto nem ouvido no âmbito do musical.
>
> **Criar e refundar: por outro enunciado do visível**
>
> Percorro a trilha de Jê Oliveira, pontilhada pelo tripé — intenções, empenhos e porquês —, para pôr em relevo esse novo que *Gota d'água (preta)* nos oferta. Em seu nascedouro, em 1975, *Gota d'água* subverte a tragédia grega para retratar a tragédia à brasileira que se materializa na naturalização das

determinantes históricas, na perpetuação das desigualdades e das injustiças, na soberba dos poderosos: "O fundamental é que a vida brasileira possa, novamente, ser devolvida, nos palcos, ao público brasileiro. Esta é a segunda preocupação de *Gota d'água*. Nossa tragédia é uma tragédia da vida brasileira".

Ora, como retratar a tragédia da vida brasileira sem pensar o fundamento racial que a motiva e perpetua? De que modo pensar o país a partir desse ângulo, ontem e hoje, sem dar voz e vez àqueles e àquelas marcados negativamente por uma tragédia cujos tentáculos alcançam a escravidão?

Eis que *Gota d'água (preta)* flagra as lacunas e brechas do clássico de 1975 e nelas se instala para nos fazer ver que só tem sentido falar de uma tragédia brasileira se a dimensão racial estiver em primeiríssimo plano. Embora toda a ambiência de *Gota d'água* finque raiz na cosmovisão negro-africana e nos espaços de sociabilidade dos pobres e pretos, a questão racial é atravessada como cortina de fumaça, corpos negros praticamente não comparecem na trama, o racismo é diluído no líquido da pobreza e da injustiça.

Uma das explicações sobre a criação de *Gota d'água (preta)* não dá margem a equívocos: "O que se busca não é só uma reparação histórica, o que já seria suficiente para diminuir um hiato acerca da presença negra em papéis relevantes na dramaturgia nacional, mas busca-se também uma atualização da realidade social com base na coerência, ainda não realizada por nenhuma montagem da própria 'Gota d'água', de Chico Buarque e Paulo Pontes: se essa história é a de pessoas pobres e macumbeiras, nada mais justo e coerente que, tendo como base esses marcadores socais de diferença (religião, raça e classe), como sabemos, a maioria da população brasileira é preta e pobre".

A essa reparação histórica, que na verdade é uma refundação, sucedem-se outras estratégias: *Gota d'água (preta)* acrescenta mais uma mão de tinta no quadro da tragédia brasileira, apresentando o perfil, com contornos imprecisos, da política contemporânea. As reformas da previdência e trabalhista estão aí para reafirmar que a espoliação dos pobres e miseráveis permanece sendo o "*hobby*" predileto da maioria dos governantes de plantão que, ao modo de um jogral, reproduzem o mesmo pensamento da elite predatória. Creontes, mineradoras, construtoras permanecem irmanados, ontem e hoje. O fim do relacionamento amoroso entre Jasão e Joana (que é interpretada pela cantora Juçara Marçal [na peça de Chico Buarque este papel é dado a atriz Bibi Ferreira]) bem como as alterações entre ela (mulher negra vulnerabilizada) e Creonte (representante da elite) não são meramente embates de foro pessoal, íntimo, mas são metáforas da traição da raça e da classe, como bem frisa Oliveira.

A crise de representação, de um lado, e as reinvenções da escrita de si, de outro, constituem mais um vértice que completa o tripé acima referido. Novos regimes de visibilidade vêm atingindo em cheio o coração das formas tradicionais de representação que quase nunca questionavam as ausências dos terrivelmente outros, vistas como derivadas da boa e velha rotina do mundo.

Modos de fazer, modos de profanar

Gota d'água (preta) é um trabalho coletivo de monta que se coloca espacialmente no lugar do poder da fala, do dizer e do dito, reivindicando acesso a uma soberania negada pelos sistemas de visibilidade. E a reivindicação que enuncia não se restringe tão somente ao plano das intenções ideológicas, mas se verifica na manufatura da montagem do musical: a feitura do espetáculo é integralmente um jogo de desmontagem do estabelecido, um exercício de profanação, na acepção de Giorgio Agamben:

> E se *consagrar* (*sacrare*) era o termo que designava [no antigo direito romano] a saída das coisas da esfera do direito romano, *profanar*, por sua vez, significa restituí-las ao livre uso dos homens. Por isso é importante toda vez arrancar dos dispositivos — de todo dispositivo — a possibilidade de uso que os mesmos capturaram. A profanação do improfanável é a tarefa política da geração que vem.

E pelo que se viu essa geração chegou. Alguns deles há mais tempo, outros mais recentemente, mas chegaram: Jé Oliveira (além da direção, interpreta Jasão e comanda o cavaco), Juçara Marçal (Joana e interpretação musical), Rodrigo Mercadante (Creonte), Saloma Salomão (Egeu/flauta transversal), Aysha Nascimento (Corina), Dani Nega (Nenê), Marina Esteves (Zaíra e Alma), Ícaro Rodrigues (Cacetão), Mateus Sousa (Amorim).

Eles chegaram junto com a banda da qual fazem parte: DJ Tano (pick-up e bases), Fernando Alabê (percussão), Gabriel Longhitano (guitarra, violão, cavaco e voz), Suka Figueiredo (sax) demonstram, com maestria, como a hibridização é um belo exercício de profanação que promove uma influência em sentido anti-horário (samba e rap, Chico Buarque e Racionais MC's estão em sintonia fina). O elenco abre de par em par janelas que vão descortinando outros modos de fazer e de (re)existir.

Gota d'água (preta) retira dos pobres, pretos e favelados a condição de seres virtuais, que carregam "potencialidades que acompanham cada existência: aquilo que ela poderia ser se..., mas que carece de realidade, como se não houvesse lugar para ela no mundo real". Eis a tragédia que asfixia e mata boa parte de nossa população.

O cinema é outro território no qual as imagens de ruptura se mostram. Que tenha se convertido em uma das principais máquinas de produção e veiculação de imaginários, ninguém duvida; que as discussões sobre representação e imagem devem partir das incidências imaginárias, pondo sob análise suas formas e alcance, quase ninguém questiona. Que uma nova geração de realizadoras/diretoras do audiovisual vem desenhando contornos inéditos aos perfis de personagens negros e suas histórias, sobre isso não há discordância.

Elenco a seguir algumas realizadoras do audiovisual que vêm fazendo mundos possíveis; são pétalas de vozes que se abriram roçando na pele dos significantes que dão vazão a outros desejos da imagem.

1. Adélia Sampaio

É a primeira negra a dirigir um longa-metragem no Brasil — *Amor maldito*, lançado em 1984, também considerado o primeiro filme lésbico brasileiro. Além do longa, Adélia dirigiu três curtas entre as décadas de 1970 e 1980.

2. Cristina Amaral

Nasceu em São Paulo e formou-se em Cinema na Escola de Comunicações e Artes da USP (ECA-USP). É considerada uma das maiores montadoras do Brasil, com mais de sessenta filmes em seu currículo. Trabalhou com importantes cineastas como Carlos Reichenbach, Guilherme de Almeida Prado, Edgard Navarro e Andrea Tonacci. Entre os filmes que montou destacam-se *Alma corsária*, *Dois córregos*, *Garotas do ABC* e *Falsa loura*, de Carlos Reichenbach; *O homem que não dormia*, de Edgard Navarro; *A hora mágica*, de Guilherme de Almeida Prado; e *Serras da Desordem* e *Já visto, jamais visto*, de Andrea Tonacci. Nos últimos anos tem trabalhado com uma nova geração de diretores brasileiros, como Adirley Queirós, Joana Pimenta, Thiago B. Mendonça, Eryk Rocha e Jo Serfaty.

3. Yasmin Thayná

Cineasta e fundadora do canal colaborativo de streaming "Afroflix". Curadora da Festa Literária das Periferias (Flup) e diretora do longa *Kbela, o filme*, sobre o embranquecimento na sociedade e a difícil tarefa das mulheres negras em se adequarem aos padrões e suprimirem sua identidade.

4. Viviane Ferreira

Cineasta baiana que vive em São Paulo. Lançou o filme *O dia de Jerusa*, selecionado em 2014 para o Festival de Cannes na categoria Curta-Metragem. *O dia de Jerusa* traz à tona uma reflexão sobre a velhice e a solidão.

5. Juliana Vicente

Diretora, produtora e roteirista, fundou a produtora Preta

Portê, com filmes que fomentam o cinema de inclinação social e promovem a diversidade. Dirigiu o curta *Cores e botas*, de 2010, no qual mostra a vontade de uma criança negra em ser paquita do *Programa da Xuxa*. Em 2013, lançou *Olho de zarolho*, uma fábula sobre a família moderna. Em 2015, dirigiu o documentário *Minas do rap*, que narra a trajetória de mulheres negras mc's como MC Soffia e Negra Li. Produziu o clipe "Mil faces de um homem leal", da banda de rap Racionais MC's.

6. Renata Martins

Idealizadora do projeto "Empoderadas" junto com mais dez mulheres negras comunicadoras. É diretora do filme *Aquém das nuvens*, premiado e exibido em mais de dez países. Além disso, foi roteirista colaboradora de *Malhação, viva a diferença*, da Rede Globo, elogiada por estar mais inclusiva e diversa.

7. Karoline Maia

Uma das diretoras da websérie *Nossa história invisível*, lançada em 2024, que narra os percalços de mulheres negras em dez episódios. Ela divide a direção com outras cineastas negras: Agnis Freitas, Camila Izidio e Carol Rocha.

8. Badu Badu

A artista compõe o coletivo de inclusão artística "Nagô" e é uma das diretoras do documentário homônimo. O filme é produzido por negros e negras e feito para dialogar com eles e elas, abordando pontos dolorosos da identidade negra na sociedade racista.

9. Joyce Prado

Cineasta, diretora e editora. Captou imagens para o filme *Okán Mímó: Olhares e palavras de afeto*, uma série de demonstrações de amor dos adeptos do candomblé pelos seus orixás, vudus e inkises.

10. Day Rodrigues

Cineasta, dirigiu o curta *Mulheres negra: projeto de mundo*. O elenco tem a rapper Luana Hanssen, Djamila Ribeiro e outras oito mulheres que contam como é ser mulher negra no Brasil.

11. Carol Rodrigues

Cineasta e fundadora do site colaborativo "Mulheres negras no audiovisual brasileiro", que promove a inserção de trabalhos de mulheres negras, pardas e indígenas. O projeto surgiu do coletivo feminista "PrograMaria", que visa ao empoderamento nas áreas de tecnologia.

12. Jessica Queiroz

A cineasta cresceu na periferia de São Paulo, em Ermelino Matarazzo, e leva a cultura periférica em sua arte. Em 2015, lançou o curta *Número e série*, sobre escolas públicas. No mesmo ano, centenário da escritora e catadora Carolina Maria de Jesus, dirigiu *Vidas de Carolina*, que traça um paralelo entre Carolina e a vida de mulheres catadoras de resíduos recicláveis em São Paulo.

13. Sabrina Fidalgo

Cineasta, é filha do ator, diretor e produtor Ubirajara Fidalgo e da cenógrafa e produtora Alzira Fidalgo, criadores do Teatro Profissional do Negro (TEPRON). Ela dirigiu e atuou nos curtas *Sonar - Special Report*, *Das Gesetz des Stärkeren* [A lei do mais forte], *Black Berlim*, *Cinema mudo* e *Personal Vivator*. Seu trabalho mais recente é *Rainha*, que ganhou o prêmio de melhor filme pelo júri popular do Festival Internacional de Curtas do Rio de Janeiro.

14. Lilian Santiago

Documentarista, pesquisadora e professora universitária. Como documentarista atua principalmente com a temática afro-brasileira, tendo realizado os premiados filmes *Família Alcântara* (2004), *Balé de pé no chão* (2005), *Graffiti* (2009),

Eu tenho a palavra (2011), *Batuque de graxa* (2012), entre outros. Participa do LabArteMídia (Laboratório de Arte, Mídia e Tecnologia) na ECA-USP, desde a sua fundação, em 2016. Suas pesquisas em Cinema Expandido e História resultaram no conceito de "Documentário Social de Exposição", uma metodologia participativa que une história e audiovisual expandido.

Entre acesso ao mundo como ele é e a transformação desse mundo, a TV, por meio das narrativas ficcionais e não ficcionais, também vem acolhendo novas histórias e novas corporeidades, incidindo fundamentalmente nas novas ordens de representação Nessa perspectiva, damos um salve a Ruth Cardoso, Zezé Motta, Léa Garcia, Taís Araújo, Maju Coutinho, Flávia Oliveira, Valéria Almeida, Adriana Couto, Joyce Ribeiro, Aline Midlej, Edvana Carvalho, Grace Passô, Jéssica Ellen, Jeniffer Nascimento, Zileide Silva e tantas outras mulheres negras que fizeram dessas novas ordens de representação o lugar do deslocamento de Lélia Gonzalez no qual a alavanca se lança para mais longe.

A aparição do novo, que coexiste com o antigo que nos governa, requer ensaiar o ver, treinar o olhar para que as narrativas que se deslocam possam ser abrigadas na memória coletiva como uma história que se presta a afetar e transformar a todos. Como as discussões sobre o ver e o olhar podem nos auxiliar neste quesito?

Alinhavando questões disparadoras

- Num mundo marcado por tecnologias de comunicação cada vez mais sofisticadas, como você estabelece suas relações com o outro, considerado como não semelhante?
- De que maneira Beatriz Nascimento colabora para produção de vínculos sociais e afetivos?
- Ao ser ver no espelho, o que você vê? Como você imagina que o outro te vê?
- Nas redes sociais e em outros espaços de aparição, você consegue se tornar visual ou visível?
- Como tornar sua instituição, organização ou empreendimento visível?
- Quais os arquétipos e protótipos que os feminismos negros vêm produzindo?

PARTE IV

DESCOLONIZAÇÃO DO OLHAR: RASGO FEITO NO TECIDO CARCOMIDO DO RACISMO E DO PATRIARCADO

1 Desver as cenas ordinárias e ensaiar o ver para o extraordinário: o olhar opositor e a assunção de novas perspectivas

Que todas as tentativas de reprimir o nosso direito — das pessoas negras — de olhar produziram em nós um desejo avassalador de ver, um anseio rebelde, um olhar opositor. Ao olhar corajosamente, declaramos em desafio: "Eu não só vou olhar. Eu quero que meu olhar mude a realidade". Mesmo nas piores circunstâncias de dominação, a habilidade de manipular o olhar de alguém diante das estruturas de poder que o contêm abre a possibilidade de agência.

bell hooks, *Olhares negros: raça e representação*

É aí que está a função que se encontra no mais íntimo da instituição do sujeito no visível. O que me determina fundamentalmente no visível é o olhar que está do lado de fora. É pelo olhar que entro na luz, e é do olhar que recebo seu efeito. Donde se tira que o olhar é o instrumento pelo qual a luz se encarna, e pelo qual — se vocês me permitirem servir-me de um termo, como faço frequentemente, decompondo-o — sou foto-grafado.

Jacques Lacan, *O seminário, livro 11: os quatro conceitos fundamentais da psicanálise*

O corpo-linguagem negro-feminino que flana nos espaços materiais e digitais, esse corpo falante que não tem exclusivamente na fala seu modo de expressão e comunicação — pois é com nosso *corpus* cultural que montamos o alfabeto das novas gramáticas de produção —, é também um corpo-linguagem que olha e não apenas é visto. Reivindicar emancipação é reivindicar outra política do olhar que nos garanta agência e autonomia, como postulou bell hooks.

A empresa colonial quis nos manter perpetuamente como mercadorias que se prestam ao esquadrinhamento de um olhar colonizador (corpos que eram escolhidos para a pilhagem escravagista pelos traços físicos) que se prolonga no hoje na antecipação racista que diz quem somos, antes mesmo de sermos nomeadas no espetáculo do mundo (o racismo policial mata jovens negros porque a corporeidade masculina vem envelopada com signos rígidos; mulheres negras são sempre realocadas nas imagens de controle, porque nossos corpos sinalizam para as posições que o racismo e o patriarcado dizem que devemos ocupar). Lélia Gonzalez, Patricia Hill Collins e Frantz Fanon, como se viu, são referências medulares neste expediente. Destaco no prefácio do livro *Olhares negros: raça e representação*, de bell hooks, que a voracidade do olhar racista e sexista se exerce devorando corpos e culturas sem que haja uma redistribuição imaginária e real dos lugares dos sujeitos que têm o poder (os que olham e consomem) e dos que não têm (os que são vistos e são mercadorias de olhares).[1]

Como romper com esse olhar de domínio, que labora para tornar tudo transparente para fins de expropriação e fazer com que o olhar opositor (aquele que se projeta no lugar de quem foi objeto), da forma que bell hooks defende, seja um modo de dar visibilidade a outros mundos e a outras perspectivas? Se a História é sempre e antes de tudo uma escolha e os limites desta escolha, segundo Barthes, como nós mulheres negras podemos nos fazer quadros, ou seja, como nos tornamos aquilo que se dá a ver, na mesma medida em que vemos e, por nosso olhar, construímos possibilidades de fazer do impossível, possível?

O título deste capítulo já inclui as possibilidades de resposta: inspirado no tema do XXVII Encontro da Sociedade

1 BORGES, Rosane. Prefácio do livro *Olhares negros: raça e representação*, de bell hooks. São Paulo: Elefante, 2019, p. 18.

Brasileira de Estudos de Cinema e Audiovisual (Socine),[2] "Desver o mundo, reinventar a cena" significa agir para questionar a prevalência da referencialidade e colocar os sentidos do corpo-linguagem a serviço da heterogeneidade da vida e suas possibilidades inesgotáveis, tomando a criatividade como motor das transformações. Com um sentido ético, político e poético, desver o mundo e reinventar a cena supõem outra relação com o olhar que se converteu em captura para o capitalismo vigente. Mas como, antecipadamente, pensar o olhar?

Segundo Merleau-Ponty, o olhar é o nosso reitor, o provocador da nossa fascinação, o que nos leva a reposicionar a indagação que vem de longa data: qual seria o lugar do olhar na contemporaneidade, visto que ele é menos um franqueador de imagens do que um agente que atua na faculdade de estabelecer relações, de dar visibilidade e existência a cada um de nós e conferir triunfo aos processos capitalistas de mineração subjetiva? De que maneira o situar num contexto em que ser visto aufere valor e importância à nossa presença no mundo?

Já que o tema é fruto de um solo vasto, apresento aqui uma rapsódia de ideias sobre as principais coordenadas atinentes à função do olhar, a fim de chegarmos a alguns endereços de resposta, ainda que precários e provisórios.

Refletir sobre essas questões requer percorrer a trajetória do olhar na perspectiva ocidental, já que foi a responsável por conferir a ele uma centralidade que hoje é estendida para a chamada sociedade 24/7, aqui já referida, o que não se verifica em outras civilizações.

A cena criada por quem deseja ser olhado nos permite observar que há uma voracidade do olhar, virulento e agressivo. A desconcertante *História do olho*, de Georges Bataille, nos leva a perceber, por meio de uma composição metafórica, que o olho passa por variações, por meio de certo número de objetos substitutivos, conservando sempre seu aspecto voraz.

---

2 O encontro da Socine foi realizado na Universidade Federal de Mato Grosso do Sul (UFMS), no período de 22 a 25 de outubro de 2024.

Voracidade que se pode perceber na "dimensão maquínica" (fotografia, cinema, televisão/vídeo e informática) que produz e articula os discursos contemporâneos. As invenções tecnológicas da modernidade impactaram diretamente na construção do visível, modificaram a cultura e os sujeitos, constituíram um universo visual congestionado. Como já dito, o apelo à transparência e à visibilidade, a tirania da vigilância eletrônica (câmeras, imagens de satélites, internet e redes sociais) reposicionaram várias questões alusivas à função do olhar na contemporaneidade.

A superoferta de imagens produzidas pelas mídias nos faz acreditar que o mundo visível está ao alcance das nossas mãos e, como lembra Ismail Xavier, "amplia o meu olhar e me coloca como sujeito que aparentemente 'tudo percebe' em face dos espetáculos, recolhendo o que suas táticas de ilusão propõem como um mundo da verdade".[3] Essa é uma prerrogativa que nos conforta. No entanto, além das cenas explícitas que nos são oferecidas pela tela, subjaz outra, a cena invisível, que nos determina enquanto sujeitos que tudo veem. Uma exploração em torno da trajetória do olhar parece aconselhável.

Segundo Jacques Lacan, "a função do olho pode levar quem procura esclarecê-la a longínquas explorações. Desde quando, por exemplo, a função do órgão, e logo de saída sua simples presença, apareceram na linhagem do vivo?".[4] É do conhecimento filosófico que se tem um painel de referências sobre o olhar: a relação com o *saber* e o *desejo*, as distinções entre *ver* e *olhar*, os pontos de interseção entre o *inteligível* e o *sensível* foram alguns dos temas recorrentes nas explorações filosóficas desde a Antiguidade.

Cotejando as concepções do olhar ao longo da história, Antonio Quinet considera que a investigação da Antiguidade tem algo a nos ensinar sobre o olhar da contemporaneidade, que foi apagado pela episteme da representação, marca do

3 XAVIER, Ismail. *O olhar e a cena*. São Paulo: Cosac Naify, 2003, p. 10.

4 LACAN, Jacques. *Seminário, livro 11: os quatro conceitos fundamentais da psicanálise*. Rio de Janeiro: Zahar, 1998, p. 90.

classicismo. O que seria esse algo que a filosofia antiga tem a oferecer e foi apagado pela fenomenologia da percepção e pela óptica geometral? Sumariamente, seriam o *desejo*, o *visível* e o *gozo*, retomados pela psicanálise e que lançam luz para a assunção do olhar opositor.

Para os gregos, olhar e ver tinham relação com o conhecimento. Ver, do latim *videre*, significa tomar conhecimento. Segundo Marilena Chaui, estaria num grau de superficialidade se comparado ao olhar, pois não prevê interação. Ver, portanto, é manter-se à distância; é um desejo de conhecer, possuir, mas não de apreender.[5]

O ver para os indo-europeus beirava o sagrado. Segundo Jostein Gaarder, eles tentavam "entender" o desenrolar da história do mundo a partir de uma observação filosófica, ou especulativa.[6] A palavra que estava associada a uma noção de conhecimento e compreensão referia-se a *vídeo*, que possuía correlatos (em sânscrito *vidya*, que se conectava à palavra grega *idé*, de grande importância para a filosofia de Platão).

De modo geral, lembra Gaarder, a visão era o principal sentido para os indo-europeus, sendo muito comuns as representações dos deuses e das passagens descritas nos mitos em quadros e em esculturas.

Caminhando com Quinet, o que podemos depreender da filosofia antiga é a noção de raio visual, "o fogo do olhar projetado pela alma para fora de seu corpo". De acordo com o autor,

> a noção de raio visual não é simétrica àquela do raio luminoso descrito em nossa era pela física. O raio visual é ele mesmo luminoso por causa do fogo do olhar, que torna visível "o ato mesmo da visão, em oposição aos olhos extintos do cego". [...] Nossa vista irradia, e toda fonte luminosa é capaz de ver.[7]

5 CHAUI, Marilena. "Janela da alma, espelho do mundo". In: Novaes, Adauto (org.). *O olhar*. São Paulo: Companhia das Letras, 1988, p. 35.

6 GAARDER, Jostein. *O mundo de Sofia*. São Paulo: Companhia das Letras, 1995, p. 168.

7 QUINET, Antonio. *Um olhar a mais: Ver e ser visto na psicanálise*. Rio de Janeiro: Zahar, 2002, p. 20.

Segundo essa concepção, olhar e luz, raio visual e raio luminoso se confundem. O desejo erótico, desejo do belo, desejo de saber são conjugados na mediação do olhar. Essa conjunção do visível e do desejo se divorcia com a ascensão da ciência moderna. A óptica geometral e a fenomenologia da percepção retiram do campo visual o desejo e o gozo. O desejo de saber para Aristóteles visava a um escópico da contemplação, finalidade que a ciência também se encarregou de destituir. É sintomático o fato de que a atividade do filósofo foi associada a *théorein* (contemplar, examinar, observar, meditar), a fenômeno, que vem de *phaino* (fazer brilhar, fazer aparecer, mostrar), que remete a *phaós* (luz, luz dos astros). A esse respeito, Lebrun indaga: "Por que tantos pensadores escolheram como modelo do 'saber' a visão, e não a audição ou o olfato?".[8]

Sobre o sensível, Merleau-Ponty considera que "o espetáculo visível pertence ao tocar nem mais nem menos do que as 'qualidades tácteis'. É preciso que nos habituemos a pensar que todo visível é moldado no sensível, todo ser táctil está votado de alguma maneira à visibilidade".[9] Para Giordano Bruno, a vista é o mais espiritual de todos os sentidos, e por isso, seguindo a tradição neoplatônica do Renascimento, ele acreditava num olhar revelador em busca da ascensão ao Bem supremo e à Luz.[10]

Chaui, referindo-se à supremacia do olhar perante os demais sentidos (olfato, audição, tato), elenca algumas frases costumeiras: *amor à primeira vista*, *perspectiva*, *mas é claro!*, *espetacular*. Tais frases e expressões "deixam ver" que "o olhar usurpa e é usurpado por todos os outros sentidos do conhecimento"[11] a tal ponto de Alfredo Bosi considerar que "uma teoria completa do olhar (sua origem, sua atividade,

8 LEBRUN, Gérard. "Sombra e luz em Platão". In: NOVAES, Adauto (org.), op. cit., p. 21.

9 MERLEAU-PONTY, Maurice. *O visível e o invisível*. São Paulo: Perspectiva, 1999, p. 131.

10 Citado por NOVAES, Adauto (org.). "O olhar", op. cit., p. 21.

11 CHAUI, Marilena. *Janela da alma, espelho do mundo*. São Paulo: Companhia das Letras, 1988, p. 31.

seus limites, sua dialética) poderá coincidir com uma teoria do conhecimento e com uma teoria da expressão".[12]

Com a descoberta do fundamento físico e anatômico da visão por Kepler, em 1604, o olho é despojado do seu papel de causa do saber e desejo e é reduzido a um dispositivo óptico. Toda a aura de mistério e fascinação sustentada pelo olhar sob a égide da filosofia antiga cede lugar à física da visão, a um espaço matematicamente construído.

A *paideia* é substituída pelo método, o olho da razão é símbolo da certeza. Os erros e os enganos da visão passam a ser corrigidos pela Dióptrica, a fim de que o filósofo erre o quanto menos em suas investigações. A palavra "olhar" tem sua origem no latim, *oclare*, que não significa simplesmente vídeo = ver, mas tem sua referência em outra palavra latina, *perspectio*, que significa olhar para todas as partes, em todas as direções, olhar com atenção. O olhar do viajante que vai catalogando coisas e pessoas como ex-óticas significa que o outro não cabe no meu conhecimento, está fora de mim, nem sequer é da ordem do humano, é bárbaro.

Nesse sentido, a noção de um ser onividente, aquele que tudo olha e organiza a cena do mundo, é posta de forma ainda mais incisiva, no momento em que estava em voga o Renascimento, com Descartes formulando a sua noção de sujeito. A lógica geometral que provém da ciência moderna supõe que o ato de ver sugere uma trajetória que vai do eu em direção ao mundo:

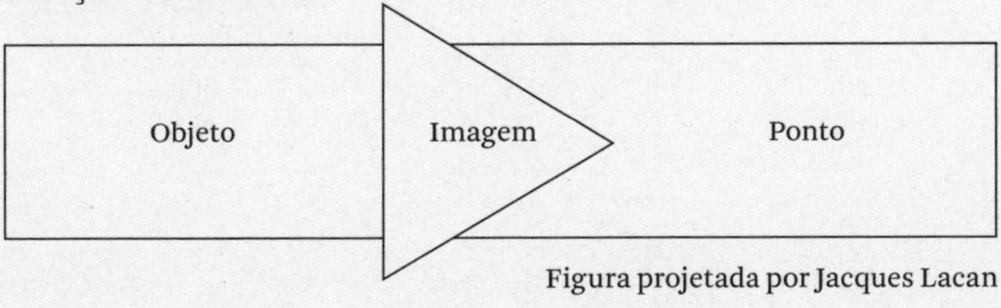

Figura projetada por Jacques Lacan

Essa soberania do olhar não mais pelo viés do encantamento, mas pelo campo geometral, vai fazer com que a psicanálise

12 BOSI, Alfredo. "Fenomenologia do olhar". In: NOVAES, Adauto (org.), op. cit., p. 66.

opere também uma virada ontológica. O pensar do olhar cartesiano parte do entendimento de que o homem olha e organiza a cena do mundo, é um onividente universal. Retomando alguns princípios da filosofia antiga, Freud (com a pulsão escópica) e Lacan (com o objeto olhar) retomam a temática do olho não como fonte da visão, mas do desejo, da libido. Esse ponto de vista subverte os postulados da ciência moderna. Entre eles, destaco: "eu só vejo de um ponto, mas em minha existência sou olhado de toda parte" [...] "para começar, preciso insistir nisto — no campo escópico, o olhar está do lado de fora, sou olhado, quer dizer, sou quadro".[13]

Essas guias vão sustentar algumas subversões: não somos, por assim dizer, espectadores privilegiados dos fenômenos que nos rodeiam, ao contrário, há um olhar que vem de fora e nos captura de forma inexorável. É na esteira da fenomenologia de Merleau-Ponty que Jacques Lacan vai postular uma preexistência do olhar, um dado a ver, tomando o olhar como um objeto — objeto *a*, objeto de instauração da falta, do desejo. Para Sartre o olhar surpreende, pega de surpresa, porque muda todas as perspectivas de um mundo que ele mesmo organiza.

O olhar, sendo analisado sob esse aspecto, passa a ser alguma coisa que está entre o *olhar invisível* e o *ver visível*. O que implica um percurso inverso entre esses dois atos:

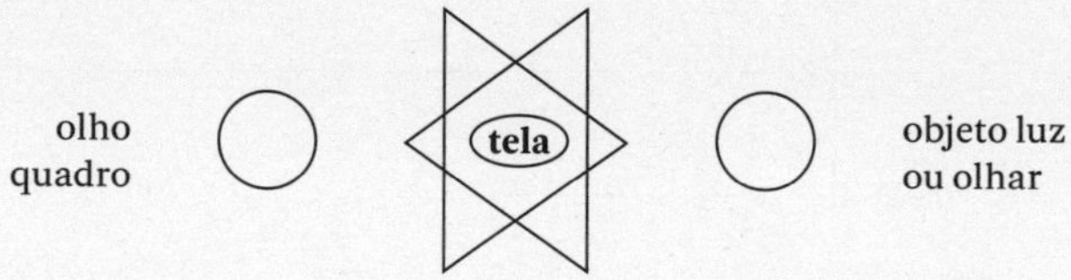

13 LACAN, Jacques, op. cit., p. 73.

2 O "a mais do olhar": neovalor do capital e a valoração das mulheres negras

Considero que a força didática dessas observações deve ser levada em conta para avaliar o que está implicado na estrutura das narrativas e dos relatos que tanto nos fascinam e seduzem frente às telas quando pomos em cena o lugar imaginário atribuído às mulheres negras.

Sabemos que almejamos com essas narrativas e relatos ver cumpridas as promessas de acesso a um "mundo real", saturado pela informação e pelo saber. As prioridades desse saber são definidas por aquilo que sacia a fome que temos do mundo (fome de ver e ser visto nas linhas do tempo das redes sociais, fome de saber o que acontece no mundo etc.).

O olhar assume, assim, posição central na constituição de um imaginário que migrou para a tela; é ele o anfitrião que conduz seu hóspede para lhe mostrar os objetos da casa, é ele a ponte privilegiada que provoca a mediação narrativa; é ele o sentido que o capitalismo "escolheu" para colonizar os nossos desejos. Aludindo a Marx, aprendemos que o que confere valor monetário a um objeto é o *quantum* de trabalho ou tempo de trabalho necessário, em dada sociedade, para a sua produção. Como fazer dos imaginários emergentes uma trincheira na qual um imaginário tecnológico fagocitado, colonizado pelo capitalismo, possa ser implodido.

O valor de um objeto, valor de uso ou de troca, subsome com o lucro de um trabalho extra não pago, que Marx aponta como sendo a essência do capitalismo, ou seja, a mais-valia. A mais-valia, que é produzida na fábrica ou na empresa, ao preço de uma prolongação da duração do dia de trabalho, é camuflada quando da entrada dos produtos do trabalho no mercado de troca. O "a mais do-olhar", expressão cunhada pelo psicanalista Antonio Quinet, capta o olhar como uma forma de trabalho que é escamoteada quando da nossa entrada no universo das visualidades que não cessam de nos assediar. No chamado "capitalismo superindustrial", a mercadoria pode ser incorpórea, como afirma Eugênio Bucci (lembremos que para Marx, em sua análise do capitalismo de tempos atrás, a mercadoria era corpórea). Segundo Bucci, não apenas a matéria-prima, a inovação e o trabalho, mas também o olhar, constroem o valor que resulta da circulação de mercadorias:

> O sujeito é, pois, uma mercadoria para outra mercadoria. Mas, no plano imaginário, o que o sujeito (que não se sabe mercadoria) busca na mercadoria não é o significante que lhe foi arrancado, mas o significado dela, que a ele, sujeito, se manifesta como um valor de uso (mesmo que seja um uso que aconteça como fantasia). E esse valor de uso lhe aparece como sendo o significado de si mesmo (aí é que a mercadoria preenche uma "necessidade originada da fantasia", a que poderíamos chamar de desejo). Por meio da posse da mercadoria, ele, sujeito faltante, completa-se imaginariamente: o significado da posse dessa mercadoria lhe responde à pergunta sobre quem ele é. Assim, o consumo da mercadoria tem sua raiz no desejo inconsciente. Na mediação dessa busca é que incide o valor.[14]

Neste universo do imaginário superindustrial, o valor da mercadoria se altera drasticamente, orquestrada pela noção de fantasia, nos termos de Marx, ou o fantasma, nos termos de Lacan. Neste estágio, só há desejos, a necessidade passa ser algo do passado:

> o imaginário, assim ordenado, é o imaginário que, para ocultar a falta — aquela falta original que faz do sujeito alguém a

14 BUCCI, Eugênio. *Televisão objeto: a crítica e suas questões de método*. Tese de Doutorado em Ciências da Comunicação na Escola de Comunicações e Artes, Universidade de São Paulo, São Paulo, 2002, p. 32.

> quem sempre falta —, impõe a satisfação do desejo, ordena que o desejo seja atendido no plano imaginário. O gozo imaginário, seja pela "fantasia" de Marx, seja pelo fantasma de Lacan, é quem determina o valor de troca. Isso não tem nada a ver com a pretensão dos que dizem que a "procura" determina o "preço", nada disso: significa apenas que no capitalismo superindustrial um outro valor passou a ser produzido socialmente, o valor de gozo, e ele é que incide de forma preponderante sobre a determinação do valor de troca. É essencial ter claro, desde logo, que o valor de gozo é produzido fora da "coisa produzida". Em outras palavras, ele é produzido no imaginário.[15]

Essa mudança de perspectiva tem a ver com o "a mais do olhar", em que tudo ou quase tudo converge para o espetáculo no qual as pessoas tornam-se empresárias de suas próprias vidas, "são todos regidos pelo valor produzido na sociedade escópica, valor (altíssimo) que tenta medir o "a mais do olhar": o índice de audiência".[16]

A ubiquidade das telas ao nosso redor é a prova de que somos olhados pelo mundo, somos capturados por essa imagem que vem de fora e nos faz objeto. O "a mais do olhar" vem assumindo uma conotação assustadora, como testemunhamos, e nos desafia a pensar na intensidade do desejo, que parece condensada pelo olhar, pelo anseio de ver (tudo) e ser visto, onde a opacidade, nos termos de Beatriz Nascimento e Edouard Glissant, é interditada. Nessa lógica, o valor atribuído à nossa aparição só ganha positividade quando o imaginário superindustrial tenta cooptar as mudanças e as conquistas em curso. Por isso, é preciso defender e sustentar o olhar opositor do qual bell hooks é referência obrigatória.

15 Id., Ibid.
16 Id., Ibid.

3 As novas epistemes do olhar

Oyèrónkẹ́ Oyěwùmí, bell hooks e Beatriz Nascimento são pensadoras luminares, matrizes de uma reflexão que incide sobre novas epistemes do olhar. Com Oyèrónkẹ́ Oyěwùmí aprendemos que o olhar não é um dado imperturbável, ou seja, a visão não foi o sentido que ganhou prevalência nas sociedades iorubás, como foi nas sociedades ocidentais. Para ela, essa falsa universalização do olhar como categoria central para a produção do conhecimento provoca distorções na análise de outros referenciais, uma vez que

> os modos diferentes de apreensão de conhecimento produzem ênfases diferentes nos tipos e na natureza da evidência para fazer afirmações de conhecimento. De fato, isso também tem implicações para a organização da estrutura social, particularmente a hierarquia social, que legitima quem sabe e quem não sabe. Argumentei que as hierarquias sociais ocidentais, como gênero e raça, são uma função do privilégio do visual sobre outros sentidos na cultura ocidental. Também se observou que o referencial iorubá baseava-se mais em uma combinação de sentidos ancorados pela audição.[17]

A socióloga nigeriana insiste que o foco na visão "como o principal modo de compreender a realidade eleva o que pode ser visto sobre o que não é aparente aos olhos; perdem-se os outros níveis e as nuances da existência".[18] É preciso, assim, desver a cena e reinventar o mundo!

17 OYĚWÙMÍ, Oyèrónkẹ́. *A invenção das mulheres: construindo um sentido africano para os discursos ocidentais de gênero*. Rio de Janeiro: Bazar do Tempo, 2021, pp. 65-66.

18 Id., Ibid., p. 44.

Em *Olhares negros: raça e representação*, bell hooks considera que a diferença cultural e a outridade são commodities para o usufruto do prazer de quem se reafirma hegemônico. Para a autora, a fascinação do Ocidente com o primitivo tem a ver com a sua própria crise de identidade: "do ponto de vista do patriarcado supremacista branco capitalista, a esperança é que os desejos pelo 'primitivo' ou fantasias sobre o outro possam ser explorados de modo contínuo, e que tal exploração ocorra de uma maneira que reforce e mantenha o *status quo*".[19]

A pensadora afro-americana nos ensina que mesmo o olhar que subjuga, aprisiona, reduz e destitui pode ser alvo de uma visão insurgente, que devolve o seu olhar opositor para quem se coloca no lugar do dominador. Para ela, as mulheres negras são fundamentais para exercer o papel de sujeitas dos modos de ver e, desse modo, se afastar das políticas da escravidão, das relações de poder racializadas que tiraram dos escravizados o direito de olhar. bell hooks se volta para a imbricação entre as *relações de poder*, as *políticas da imagem* e o *dispositivo do olhar*.

Essa tríade pulsa no coração da vida planetária. A mediação pelo olhar tipifica o mundo contemporâneo por meio da sofisticação tecnológica que provoca uma alteração radical em nossa forma de conceber o tempo, o espaço e as relações interpessoais. O tempo espiralar de Leda Martins, outra noção de espaço a partir do conceito de Quilombo, de Beatriz Nascimento, tem a virtude de estimular novas relações e, assim, nos afastar do grande campo da visão dominadora.

As narrativas visuais se constituem como o significante que articula e distribui o saber em nome do qual os dispositivos agenciam o seu discurso. Significa que, lá adiante, há um Todo que teria a resposta para todas as questões. Nessa dinâmica se opera uma passagem em que os suportes narrativos produzem certa categoria de ideal.

19 hooks, bell. *Olhares negros: raça e representação*. São Paulo: Elefante, 2019, p. 232.

As narrativas tecnoimagéticas procuram nos conquistar, permitindo que pensemos num percurso que vai do desejo do outro ao desejo para o outro. Ao pensarmos a respeito, veremos que novas formas de ideais culturais estão sendo construídas, o que exige a reflexão ética. A voz e o olhar da contemporaneidade, que são a voz e o olhar dos dispositivos digitais imagéticos, atingem a todos em escala planetária, exigindo que a "ética do bem-dizer" (que deve ser a ética do desejo e não do gozo) venha organizar as bases para a construção de outra história. Se todo elo simbólico implica um elo ético, os dispositivos maquínicos dos nossos tempos, com o celular e o computador à frente, em sua excessiva exploração do olhar, provocam em cada um de nós uma reação que possa confrontar as bases do capitalismo, do patriarcado e do racismo. De que maneira desenhar e executar um projeto que vai na contramão dessa realidade acachapante?

Beatriz Nascimento, com o filme *Ôrí*, nos faz sujeitas porque carregamos a tarefa de, pelo olhar, instaurar mundos já existentes apoiadas em outras políticas do ver. Se a um sujeito que pensa, logo corresponde um sujeito que tudo vê e organiza a cena do mundo (o sujeito racional, moderno, que subscreveu o racismo pelo fundamento do ex-ótico), é preciso criar outros campos de correlação: ao "onde estou, eu sou" é preciso equivaler o olhar opositor, porque de onde estou (do lugar da subalternidade) decreto minha emancipação, esfumaçando a visão colonizadora. Não se trata, exatamente, do olhar petrificante de Medusa, nem do de Narciso, que morre pelo olhar de si mesmo, mas, sim, concerne a um olhar que "expande os focos das novas retinas, amplia os fluxos da nossa estética e ausculta o outro em nós",[20] como disse Leda Maria Martins.

O olhar opositor é, assim, um agente importante para gestar o impossível por meio da dissolução da cena rotineira, repetitiva e hegemônica. É, em suma, um olhar que desvê!

---

20 Aula inaugural ministrada por Leda Maria Martins no curso "Descolonização do olhar", cuja curadoria foi feita por mim, realizado no Sesc de Santos durante 2021.

Alinhavando questões disparadoras

- Qual sua relação com dispositivos do olhar, dispositivos mediados por telas (celular, TV, cinema, câmeras)?
- Você acha que o olhar pode excluir e discriminar?
- Quais as rotas para descolonizar o olhar?
- De que maneira o olhar pode ser um sentido de aproximação?

PARTE V

BEM VIVER, REPARAÇÃO E POLÍTICA: COSTURAR, TEAR E FIAR O NOVO MANTO DO MUNDO

Bem viver como nova utopia

Bordar o manto do mundo e escapar dos processos de captura colonial vêm nos demandando o exercício da nossa soberania de modo a protagonizarmos um processo político que funda novas gramáticas de ação e produção. Desver e reinventar a cena ganha, desse modo, um estatuto utópico, uma dimensão política que deserta de um mundo que não existe mais, como defendemos no primeiro capítulo, e caminha rumo à validação.

O percurso de *Imaginários emergentes* trilhou caminhos e sendas buscando pôr em relevo os múltiplos processos nos quais as mulheres negras da diáspora vêm executando um programa político no qual, por meio da escrita de histórias individuais, souberam reescrever a história do mundo sob novas bases. Essa escrita não parte da tábula rasa, do grau zero, da página em branco, mas se beneficia de um patrimônio repleto de pistas, indicações e resultados promissores que derivam de um trabalho coletivo que desteceu e teceu radicalmente a paisagem do mundo. Tal patrimônio precisa ser acionado num contexto como o nosso, em que não restou nada das expectativas positivas que foram desenhadas pela humanidade nos últimos séculos:

> A igualdade foi apagada, criminalizada e zombada como um desvalor, como um perigo para o destino da competição econômica. A solidariedade passou a ser impossível pela cultura da competição e pela precariedade do trabalho. A paz foi transformada em utopia pelo predomínio do nacionalismo, câncer político que substitui a solidariedade entre

> trabalhadores e o afeto entre corpos eróticos pela camaradagem entre homens combatentes. A democracia foi ridicularizada pelo domínio dos automatismos financeiros e pelo retorno da guerra. Quem poderá acreditar novamente num futuro que não seja mortífero? Quem poderá acreditar novamente nas promessas do poder? Diante do poder armado, só se pode baixar a cabeça, obedecer, sofrer e suportar. Não há promessa a ser ouvida, nem promessa a ser cumprida. O abismo foi escancarado, e de nada serve tentar ignorá-lo. Precisamos olhar para o abismo, medir sua extensão e profundidade. Precisamos mapear o abismo, enquanto inevitavelmente caímos nele.[1]

Se o abismo foi escancarado, tal constatação nos leva a reafirmar o que já dissemos ao longo do livro: não estamos no mundo para remendar os buracos de um terreno em que a "relação entre os seres humanos não é mais mediada pela linguagem, mas pela ferocidade",[2] como disse o ativista italiano Franco Berardi. O texto que se segue é parte de uma tapeçaria tecida a várias mãos nos últimos anos. O Bem viver é o horizonte utópico que nos motiva a reinventar a cena e gestar o impossível.

Nós, mulheres negras do Brasil, irmanadas com as mulheres do mundo afetadas pelo racismo, sexismo, lesbofobia e outras formas de discriminação, estamos em marcha, inspiradas em nossa ancestralidade que nos fez portadoras de um legado capaz de ofertar concepções que fundamentem a construção e a consolidação de um novo pacto civilizatório. Buscamos fundamentos em paradigmas que se orientam por outra gramática política, responsável pela reordenação sociorracial, capaz de acolher saberes, práticas, experiências até então ignoradas pelas dominantes configurações do político. Não temos dúvida

1 BERARDI, Franco. *Pensar após Gaza: ensaio sobre a ferocidade e o fim do mundo*. São Paulo: N-1 edições, 2025, p. 17.

2 Id., Ibid., p. 18.

de que a adoção desse paradigma instaura, a uma só vez, a reconstrução de utopias onde as diferenças são compreendidas como valor humano.

O nosso grande desafio, pensando o lugar e o papel dos grupos historicamente discriminados, onde, nós mulheres negras, estamos na dianteira dos índices de iniquidade, é como fazer das diferenças capital importante da diversidade humana e não elemento que dinamiza, perversamente, as desigualdades e as discriminações, que se mostram cada vez mais abissais no Brasil e no mundo.

Esse quadro persistente de desigualdades e discriminações contrasta, acentuadamente, com o lugar e a posição do país no tabuleiro das nações ao redor do globo, frutos de iniciativas históricas para reposicionar o país em patamares aceitáveis de civilização.

Ninguém mais põe em questionamento o fato de que para um país alcançar níveis de desenvolvimento desejáveis é preciso, de forma imperiosa, que as variáveis acima sejam acompanhadas de um aprofundamento radical das condições de melhoria da população no que diz respeito a saúde, educação, habitação, capital cultural, expectativa de vida — tópicos que informam sobre o desenvolvimento, conforme estabelecido pelas Nações Unidas.

Mesmo tendo logrado resultados positivos em diversos campos, os privilégios permanecem confinando mulheres e homens negros aos estratos mais rebaixados das condições socioeconômicas. Quando desagregamos os Índices de Desenvolvimento Humano da ONU por gênero e raça, flagramos, de maneira incontestável, a manutenção dos privilégios que alimentam as desigualdades. Os padrões de vida da população negra, de modo geral, e das mulheres negras, em particular, passam a ser comparados aos países mais pobres da África (114ª posição no ranking mundial), enquanto a população branca ocupa a 38ª posição, ostentando um IDH igual ao de países como Bélgica. Eis o desafio para os projetos que pensam o presente e o futuro da Nação. Nessa discrepância se manifesta de maneira especialmente drástica a máxima bastante difundida segundo a qual o Brasil não é um país pobre, mas injusto e desigual.

Tanto no Brasil quanto em outras partes do mundo as desigualdades e as discriminações têm como nexo prioritário o racismo e o sexismo. Pesquisas recentes afirmam que a distância entre ricos e pobres só aumentará. Houve diminuição da pobreza, entre 2006 e 2012. Não há dúvida alguma de que houve diminuição da desigualdade entre os grupos mais pobres da população. Só que não foi suficiente para mexer a distribuição inteira pela magnitude em que a renda é concentrada nos mais ricos. O que importa na verdade é o comportamento deles em relação ao resto.

A expressão "sociedade de risco" que serviu para etiquetar as sociedades globais ganha impulso renovado. Muitos consideram que vivemos em sociedades de risco porque as distâncias entre ricos e pobres só aumentam em nível global e impactam de maneira decisiva na biografia de negros, mulheres, crianças e habitantes das franjas do núcleo duro da geopolítica.

Para especialistas de diversas áreas tal situação provocará, inevitavelmente, um problema de governança. Sabemos que a política econômica é uma mola fundamental para manter e aprofundar essas desigualdades e discriminações. Mas não só: aliada a ideologias que reforçam uma dinâmica sistêmica que relega os mais pobres a condições de existência extremadas, a economia torna-se um entre vários vetores que perpetuam a pobreza.

Organismos internacionais, órgãos multilaterais, organizações não governamentais, operadoras(es) de políticas públicas, movimentos sociais e ativistas vêm chamando sistematicamente a atenção para a dimensão abrangente dos quadros crônicos de injustiça em escala planetária. O papel do Estado brasileiro para equacionar esta questão é central. No entanto, temos visto como a presença do Estado acirra, em vez de eliminar, os padrões de desigualdade e discriminação. Antes de ser um agente ausente, como se costuma acreditar e dizer, o Estado opera com uma presença assombrosa em práticas que criam e reforçam discriminações e desigualdades (o atendimento à saúde das mulheres negras em seus diversos aspectos, a mortandade de jovens negros pela polícia, o não cumprimento de políticas de ação afirmativa). É preciso, portanto, interpelar o Estado para que reverta esse quadro do qual também é protagonista. É preciso imaginar outra concepção de Estado, de democracia e de república.

De que forma pensar em renovados marcadores políticos? Como tornar exequível uma plataforma política que seja orientadora de princípios teóricos e práticos de uma nova gramática, de outra ética, com propostas que refundam o jogo social? A nossa trajetória nos autoriza a propor outros modos de vida regidos por um pacto civilizatório, onde a pluralidade do humano, o ecossistema dos saberes e fazeres dialoguem com as várias dimensões da nossa existência.

Do Bem viver emerge um novo código sociopolítico em que a justiça, a equidade, a solidariedade, o bem-estar são valores inegociáveis consolidados pela pluralidade de vozes que coabitam o planeta. Inspiradas nas concepções milenares que dão sustentação ao termo e modulam as formas do social e do político, adotamos princípios plurais que englobam novas concepções de gestão do coletivo e do individual, da natureza e da cultura, enfim, das formas que dão sentido e valor à nossa existência calcada em uma visão utópica de viver e construir o mundo de todos.

Ao propor um conceito de Bem viver, não temos a intenção de impor um modelo uniforme e generalizante às diversas realidades, perspectivas analíticas, políticas e de ação das mulheres negras. Recorremos a ele como uma ideia inicial e agregadora. Por um lado, ele está aberto à crítica e ao debate constantes; por outro, compreende distintos projetos e não pretende eliminar contradições e divergências que são inerentes à nossa pluralidade.

A adoção do termo é incompatível com o capitalismo racista patriarcal excludente, que nos engessa em espaços sociais de exploração, subalternidade e marginalidade e associa qualidade de vida a consumo. Manejá-lo exige transformações radicais no modelo de sociedade que temos, em sua estrutura e em seus valores. Bem viver é, portanto, inconciliável com propostas desenvolvimentistas, industrializadoras, exploradoras, privatizadoras e monopolizadoras de saberes e recursos (sementes, saberes, fazeres e territórios), reinventando a cena por meio de outro conceito de vida, que não está atrelado a uma lógica comercial.

Na condição de protagonistas da proposição de outra forma de ver e intervir no mundo, sintetizada nos fundamentos do Bem viver, oferecemos ao Estado brasileiro nossas experiências historicamente acumuladas como forma de construirmos coletivamente outra dinâmica política. Pelo que se viu, essa outra dinâmica é impossível sem a superação do racismo e do sexismo, responsáveis por subtrair a humanidade de mulheres e homens negros. Postulamos que a construção desse processo deve ser iniciada aqui e agora. Desse modo, assinalamos alguns pontos inegociáveis:

1. Direito à vida;
2. Instituição de nossa humanidade. Como está provado, as desigualdades e discriminações atribuem valor humano às pessoas, hierarquizado por racismos, sexismos, orientação sexual e outras identidades. A subalternidade da mulher negra, resultado de profundas iniquidades, define a sua existência e a destitui de sua humanidade. É preciso assegurar e resguardar a humanidade das pessoas, considerando que não é algo dado, mas socialmente construído. De acordo com o coreógrafo francês Olivier Dubois, o simples fato de sermos humanos não nos torna humanos, e aí está a nossa tragédia. A humanidade exige um engajamento pessoal

constante, ela é esse jardim em que é preciso labutar sem cessar para não perder território;

3. Reconhecimento de que somos sujeitas de direitos. A destituição da humanidade supõe violação de direitos, o que se verifica, de maneira violenta e perversa, nas vidas das mulheres negras no Brasil e no mundo;
4. Exercício da cidadania. Um país democrático requer o exercício da cidadania, e não de privilégios. O impedimento das mulheres negras de participar da *coisa pública* de forma igualitária no jogo discursivo coletivo retira delas o estatuto de cidadãs, alijando-as não apenas de usufruir de bens simbólicos, materiais e culturais, mas de protagonizar a enunciação que reorienta as formas de experiências políticas e sociais que recobrem os interesses coletivos.

O conjunto de propostas acima resumido só pôde ser formulado nesses termos porque preliminarmente as mulheres negras brasileiras ousaram romper com o rebaixamento operado pela escravidão, reivindicar a humanidade que lhe é inerente, reafirmar-se como sujeitas e, desse lugar, produzir projetos coletivos para incidir no mundo. Essas tarefas múltiplas envolvem questões complexas em que a cena da aparição é fundamentalmente política. Se ao aparecer nos tornamos, ao nos tornar laboramos para produzir ideias e imagens matrizes capazes de replicar modos de existência que carregam a legitimidade de oferecer o melhor para o antimundo onde a ferocidade parece ser o que restou. Mas ainda estamos aqui, e como ensinou Beatriz Nascimento, onde estou, eu sou, o que nos possibilita, pela memória da travessia e pela herança das nossas mães, projetar os mundos (im)possíveis.

Alinhavando questões disparadoras

- Para você a plataforma do Bem viver é algo utópico?
- O que é vida para você?
- É possível que o Bem viver seja exercido pelo Estado, por governos na configuração ocidental?
- Quais as vias para transposição da violência estrutural e do politicídio?

POSFÁCIO

NOSSOS PASSOS VÊM DE LONGE

Maria de Lourdes Siqueira

Em *Imaginários emergentes e mulheres negras: representação, visibilidade e formas de gestar o impossível*, Rosane Borges nos brinda afetuosamente com seu jeito de ser e viver: uma mulher negra intelectual que sabe transitar por diferentes áreas do conhecimento, entre teoria, prática e compromisso ético-étnico com a sociedade brasileira, privilegiando o ser mulher negra.

Peço vênia à nossa autora para, ainda que brevemente, expressar algumas das ideias, referências, citações, palavras que considero emblemáticas dentre tantas igualmente significantes. São bonitas as conversas de Rosane com as autoras e os autores por ela estudados, revisados com a pertinência de suas convicções.

Trabalho monumental, que assume sua própria voz como sujeito de sua escrita. São leituras, releituras, através das quais Rosane define, conceitua, dialoga com diferentes autoras e autores nacionais e internacionais na perspectiva de saberes, de ideias, de pensamentos sobre as temáticas que constituem a proposta do livro que apresenta. A escritora constrói e vai além do possível, com uma imaginação brilhante que desafia sua própria realidade. Brilhantismo inédito nas áreas em que trabalha, estuda, pesquisa e dialoga.

Este livro é profundamente mergulhado em seu tempo e sua realidade, o que não o isenta de "enfrentar o passado e instituir gestos de futuro que tentam cavar matrizes no presente".

Em uma bela página, Rosane homenageia as suas raízes através da história de sua família, a partir das habilidades profissionais de sua própria mãe:

Produzir *Imaginários emergentes e mulheres negras* com as linhas de costura é também prestar tributo à minha mãe, Alda Patrocinia da Silva Borges, costureira que soube tecer a vida com o melhor da linhagem de suas ancestrais, que soube nos enfeitar e, assim, operar o deslocamento para a soberania e a autonomia com seus melhores recursos de tecelagem. A propósito, sou de uma família de costureiras: minha prima, Célia Maria Silva de Azevedo, herda da mãe, tia Plácida, que não costurava roupas, mas tecia fuxicos e bordados, o talento com o manejo dos tecidos.

Imaginários emergentes constitui um universo de saberes, conceitos e ideias que, em tempos e lugares diferentes, têm suas fontes em vozes ancestrais. Sua autora "investe em reconhecer os gestos de quem soube metamorfosear dor em beleza".

"Faço deste livro uma espécie de megafone que amplifica essa fantástica assembleia de talentos, essa constelação de vozes negras no feminino que promovem deslocamentos e revogam conhecimentos enfatizados, implantando questionamentos inabituais na área da estética."

Rosane aponta para a busca de uma transformação radical, gestada na práxis negra e feminista, sem perder de vista a dinâmica das lutas dos povos originários, negros, negras, de todos os habitantes das margens e periferias do mundo. Um trabalho que nos instala na humanidade das profundezas, dando voz ao nosso espaço de experiência e ao nosso horizonte de expectativa.

Uma breve contextualização

Imaginários emergentes lança algumas reflexões que fundamentam o grande propósito deste livro. O filme *Ôrí*, de Raquel Berger e Beatriz Nascimento, é uma matriz no campo da produção de imagens sobre negritude. Em "Liberdade de viver no espelho", de Muniz Sodré, "A visibilidade — o plano de aparências — não é um requisito simples, pois suscita os problemas do reconhecimento social e do valor humano. Logo, é uma questão de natureza ética".[1]

Como as mulheres negras se tornaram legíveis no sistema visual planetário e, particularmente, no Brasil?

O presente livro, segundo a autora, é uma proposta filosófica, política, ética e estética tecida pelos fios da memória que acaba indo além da ideia de gestos sumariamente desautorizada. O esforço de designação parte da ideia de detectar que o nosso ingresso no palco da concepção e da intervenção da política se deu simultaneamente no território estético, porque consideramos que o primeiro palco só consegue performar emancipação se o segundo exerce papel protagônico.

Considerando que estamos convivendo entre "guerras que não cessam (Gaza e Sudão que o digam)", esses fenômenos fazem parte e contribuem com as chamadas, pela autora, de desigualdades abissais: pobreza extrema, alterofobia que se materializa na agudização dos racismos, da xenofobia, do feminicídio e dos fenômenos provenientes da emergência climática que colocam toda a biosfera em risco.

A professora doutora Rosane Borges designa estes males de "insistência do tempo colonial", demarcando espaço entre princípios e determinações ocidocêntricas. É nesta perspectiva que o livro alimenta a esperança de que o mundo não se acaba, mas se recompõe e se refaz. Tudo se realiza a partir da escolha de eixos firmes que estruturam o desmantelamento das continuidades do sistema colonial-escravista. O poeta e crítico Octavio Paz, em seu livro *Tempo nublado*, fala de máscaras "das ideologias pseudomodernas que regressaram ao nosso século, aportando velhas e terríveis realidades".

Ancestralidade — "Os espíritos xapiri, que descem das montanhas para brincar nas florestas em seus espelhos, fugirão para muito longe. Seus pais, os xamãs, não poderão mais chamá-los e fazê-los dançar para nos proteger." (David Kopenawa em *A queda do céu*).

1 SODRÉ, Muniz. "Liberdade de viver no espelho". *O Estado de S. Paulo*, 20 dez. 2024.

Aimé Césaire, referência máxima do movimento da negritude, em solidariedade com a socióloga nigeriana Oyèrónkẹ́ Oyěwùmí: "Para reivindicarmos acesso a uma soberania sistematicamente negada, é preciso que vivamos como seres humanos que têm história, civilização e sistema de pensamento, sem precisar colocar a branquitude em tudo que propomos e fazemos".

"Nossos passos vêm de longe." Nossas marchas seculares acompanham a dinâmica de todos os tempos. "Nossas lutas são perenes." Rosane, tratando com a coerência que a caracteriza, nos fala da diversidade de uma busca de transformações radicais e define a importância do conceito e da estética.

"No traço e no rastro de várias pesquisadoras negras, no núcleo e nos vestígios [...] de suas elaborações, vou me aproximando da estética, concebendo-a como *um projeto perene que resulta em transformações radicais de existência* [...]."

Quizumba! Nossas referências culturais constituem uma bela quizumba, expressão de nossas culturas e civilizações.

De que consta o impossível, na perspectiva do pensamento do autor? "Uma hora chega a nossa vez."

Mulheres negras — manifestações culturais, "os jardins de nossas mães estão na festa do Divino Espírito Santo, no Bumba meu Boi, no bloco Akomabu, no Marabaixo, no Amapá, onde a Amazônia Negra floresce, nas cruzadas de Reisados, no bloco afro Ilê Aiyê, nas rodas e nas escolas de samba, no tambor de crioula."

Pensadoras reconhecidas

Achille Mbembe, Ta-Nehisi e Toni Morrison são autoras e autores que contribuem com os estudos que têm o propósito de refletir a respeito de novas epistemologias, na perspectiva deste *Imaginários emergentes*.

Pesquisadoras, intelectuais, atividades relacionadas a feminismos negros, movimentos sociais negros, curadores de arte, artistas, cineastas, roteiristas, dramaturgos, escritores, em suma, profissionais das linguagens, vêm dispensando especial atenção a esse mote, num gesto coletivo.

Concluindo

"Justiça seja feita." Reconhecimento é uma palavra-chave dentre as reflexões de *Imaginários emergentes e mulheres negras*, apresentado no sentido diferenciado pela autora Rosane Borges. Ela nos fala, em síntese, que, entre novas e velhas tecnologias, o horizonte mítico-religioso, a revolução da mídia eletrônica, das comunicações por satélite, dos cabos e da fibra ótica, tudo constitui o universo de méritos a serem reconhecidos para as mudanças necessárias e esperadas.

Na nova linguagem entre culturas e civilizações de origem africana, brasileira e afro-brasileira, a autora reconhece a beleza de nossa quizumba que expressa união, alegria, beleza, arte, que também nos caracteriza.

Encontro neste livro uma coerência de ideias que vão construindo os diferentes tempos e lugares, entre ciências, vivências, experiências, estudos, pesquisas, leituras e releituras.

É assim que, entre *Imaginários emergentes e mulheres negras: representações, visibilidade e formas de gestar o impossível*, eu me sinto tão feliz e honrada em reconhecer a beleza deste livro. Expresso louvor, felicitações e reconhecimento à professora doutora Rosane Borges pela consistência científico-literária de seu livro.

Maria de Lourdes Siqueira é pedagoga pela Universidade Federal do Maranhão (UFMA), mestre em Ciências Sociais pela Pontifícia Universidade Católica de São Paulo (PUC-SP) e doutora em Antropologia Social e Etnologia pela École des Hautes Études En Sciences Sociales. Fez pós-doutorado pela Universidade da África do Sul e pela Faculdade de Estudos Orientais e Africanos da Universidade de Londres. Foi conselheira do Conselho de Promoção da Igualdade da Secretaria de Políticas de Promoção da Igualdade Racial.

Agradecimentos

Ao ICCI (Instituto de Cultura, Comunicações e Impacto), pelo apoio para que este livro se torne um instrumento de formação das organizações feministas negras no Brasil no pós-Marcha das Mulheres Negras, em 2025.

À revista *Afirmativa*, pela parceria para a formação das organizações acima mencionadas.

À Paula Bianca Ferreira Borges, que cedeu sua ilustração da alavanca para a composição do livro.

Sobre a autora

Rosane da Silva Borges nasceu em São Luís, no Maranhão, em 1974. Formou-se em Comunicação Social na Universidade Federal do Maranhão (UFMA), fez mestrado, doutorado e pós-doutorado em Jornalismo na Universidade de São Paulo (USP).

Hoje trabalha como professora convidada do Diversitas (FFLCH-USP) e professora de comunicação na Pontifícia Universidade Católica de São Paulo (PUC-SP). Tem vasta experiência docente e prática no campo das teorias da comunicação, da filosofia da comunicação, cultura e sociedade, da produção audiovisual e multimídia, e atua na área dos imaginários tecnológicos estéticos, audiovisualidades e representações, mediações culturais e práticas educomunicativas.

É líder de raça e gênero e produtora de inteligência na Rede Globo e Coordenadora da Escola Longa – plataforma de ensino online. Escreve regularmente no portal de notícias "Jornalistas Livres", na *Folha de S.Paulo* e na *IstoÉ*.

Organizou os livros *Espelho infiel: o negro no jornalismo brasileiro* (Imesp, 2004), *Mídia e racismo* (DP et Alii, 2012) e é autora de *Esboços de um tempo presente* (Malê, 2021).

Sobre a concepção da capa

A obra que ilustra a capa, "Série Frestas II", de 2023, é de autoria da artista maranhense Silvana Mendes. Suas "afeto-colagens", que sobrepõem imagens de arquivo, retratos e elementos gráficos questionam, resignificam e transformam as representações dos corpos negros. Sua pesquisa é reconhecida em instituições como o Museu Afro Brasil Emanoel Araujo, o Museu de Arte do Rio (MAR) e o Instituto Inhotim.

Na estampa interna, a direção de arte escolheu trabalhar o caju como elemento central. Nativa do Nordeste brasileiro, a fruta, símbolo de afeto e memória, une a poética de Silvana Mendes com a filosofia de Rosane Borges. Em determinado momento da obra, a autora cita a canção "Cajuína", de Caetano Veloso, para pensar a permanência da vida mesmo diante da perda e da dor — "existirmos, a que será que se destina?".